역사를 보다 2
BODA

역사의 변곡점을 수놓은 재밌고 놀라운 순간들

역사를 보다 2

BODA

박현도 · 곽민수 · 강인욱 · 정요근 · 허준 지음

한반도부터 중동·이집트·유라시아까지 역사의 퍼즐이 풀린다!

• 들어가며 •

아무도 관심을 갖지 않았던
역사 이야기를 전하며

솔직히 말씀드리면, '역사를 보다' 채널에 처음 출연할 때만 해도 이렇게 인기가 있으리라고는 전혀 예상하지 못했습니다. 1회부터 출연했지만, 찍고 나서도 "이런 프로그램이 인기가 있을까?"라는 의심이 들었지요.

그도 그럴 것이 출연진의 전공이 모두 '소외 학문'이기 때문입니다. "낯선 이름, 지명, 역사 이야기를 다루는 사람들이 모여 하는 이야기가 일반 시청자들에게 무슨 재미를 건넬 수 있을까?"라고 생각하는 게 어쩌면 너무나도 당연했죠.

그런데 저희가 풀어놓는 이야기에 관심 있는 분들이 이렇게

나 많을 줄은 상상도 하지 못했습니다. 모두 관심을 갖고 조금씩 흥미를 느끼는 주제인데도 가르쳐주는 곳도, 사람도 없어 이런 현상이 일어난 것 같습니다. 놀랍고, 기쁘고, 행복합니다!

박사 과정 시절 중간고사와 기말고사를 준비하느라 친구들과 함께 모여 공부하면서 서로 한탄했습니다. "그런데, 이렇게 공부해서 박사 학위 받으면 뭐 해. 졸업해도 취직하기 어려울 텐데."라고 말이죠. 심지어 외국에서도 제 전공인 이슬람학은 대표적 비인기 학문이니 말이에요.

그런데 외국과도 비할 바 없이 국내에선 더욱 소외 학문인 '이슬람'만을 주제로 해도 어려울 텐데, 만만찮은 소외 학문인 강인욱 교수의 '유라시아 고고학', 곽민수 소장의 '이집트' 이야기를 함께 풀어놓은 '역사를 보다' 채널이 성공하리라고 어떻게 생각할 수 있었겠습니까! 애청자 여러분의 놀랍고도 감동적인 은혜를 입었기에 가능한 일이었습니다.

더 놀라운 일은 영상을 간추려 엮은 『역사를 보다』를 성공적으로 출판했다는 사실입니다. 누가 이 책을 살까 고민하지 않을 수 없었는데, 예상을 또 가볍게 뛰어넘었습니다. 그리고 어느덧 시간이 흘러 『역사를 보다 2』를 세상에 내놓습니다.

친구들은 "네가 이슬람 전공으로 먹고살 줄은 몰랐다"고 웃으면서 말합니다. 네, 맞습니다. 제가 대학 시절 종교학을 전공했는데, 그때 종교학과를 나와 뭘 하고 살 거냐는 질문에 한 선배가 "한마디로 실업자 양성소죠"라고 답해 씁쓸하게 웃었던 기억이 납니다.

한국 사회에서 고고학, 이집트학, 이슬람학, 종교학 공부는 암울한 미래를 선점하는 지름길이죠. 그러니 '역사를 보다' 영상과 책에 보여준 애청자와 애독자의 열정적인 관심은 새로운 미래를 여는 빛과 같습니다.

이번 『역사를 보다 2』에선 '고려사' 정요근 교수님과 함께합니다. 부끄러운 고백을 하자면, 남의 나라 역사를 공부하느라 정작 우리나라 역사를 제대로 살피지 못했습니다. 고려사는 한국사 중에서도 더욱 그렇고요.

정요근 교수님은 저희를 고려 시대로 잘 이끌어주셨습니다. 선조들이 흐뭇하셨으리라 믿습니다. 『역사를 보다 2』에서 고려 시대 이야기를 활자로 읽으시면, '아재 개그'로 저희를 무척 당황하게 만드시면서 유쾌·통쾌·상쾌하게 역사 이야기보따리를 풀어놓으시던 정 교수님의 음성이 지원되는 듯한 체험을 할 수 있을 것입니다.

'역사를 보다'는 일반 대중이 보다 쉽게 역사에 다가가는 길잡이입니다. 저희는 초중고 시절, '역사'를 단순히 외우는 과목으로 여겼지요. 그래서 제가 외국에서 공부할 때 별명이 역사 천재였습니다. 제가 압도적으로 연도, 장소, 인물을 잘 외웠으니까요. 저는 "다음 중 연도순이 잘못된 것은?"이라는 문제를 풀고 자라 그렇다고 웃으면서 말하곤 했습니다.

친구들은 그런 문제를 어떻게 푸냐고 기겁했고요. 연도 암기 천재인 저와 달리 그들은 연도는 몰라도 어떤 사건이 왜 일어났고 후대에 어떤 영향을 미쳤는가를 너무도 잘 설명했습니다. 그때 참으로 부끄러웠고, 우리 암기 교육의 폐해를 실감했습니다.

'역사를 보다'는 우리가 잘 몰랐던 역사적 사건의 기원과 전개 과정 및 영향을 설명하고, 아무도 관심을 갖지 않던 이야기를 전하며, 물어보고 싶어도 엄두를 못 내던 질문에 답을 드리고자 노력합니다. 역사에는 여러 가지 다른 해석이 있을 수 있다는 진리를 늘 염두에 두면서 말입니다.

1권 머리글 끝에서 강인욱 교수님은 『역사를 보다』가 2권, 3권으로 이어지길 바란다고 썼는데, 이를 이어받아 저는 3권, 4권, 5권이 계속 뒤따르길 희망합니다. 역사 이야기에서 삶을 되새겨볼 수 있도록 말입니다.

키케로의 말마따나 역사는 인생의 스승이니까요.
히스또리아 마기스뜨라 위따이 에스트 Historia magistra vitae est.

2025년 7월 의왕 안양판교로에서
필진을 대표하여
박현도 씀

• 차례 •

들어가며
아무도 관심을 갖지 않았던 역사 이야기를 전하며　　　　　004

1 역사의 변곡점을 수놓은 결정적 장면들

이집트 문명의 꽃, 나일강의 위엄	015
중국을 4천 년 후퇴시킨 문화대혁명	020
점령하기 애매한 계륵 같은 땅들	031
아프리카, 중동 국경이 자로 잰 듯한 이유	039
금서 한 권이 나라를 뒤흔들었던 사연	046
칭기즈 칸은 어떻게 세계의 반을 점령했나	056
800년 만에 풀린 초조대장경 미스터리	068
구독자들의 궁금증 첫 번째	074

2 풀릴 듯 풀리지 않는 미스터리의 정체

지구에서 가장 미스터리한 곳, 버뮤다 삼각지대　081
누구도 부정할 수 없는 고귀한 유물의 정체　085
스핑크스의 얼굴은 사람인데 몸은 동물인 이유　092
사자의 서에 그려진 거대 바퀴벌레의 정체　097
풀리지 않는 피라미드 건축 기술의 비밀　101
코스타리카 라스 볼라스 미스터리의 전말　106
바그다드 전지를 둘러싼 논란들　111
구독자들의 궁금증 두 번째　116

3 세계사를 구성한 것들의 중요성

우연히 발견된 국보급 보물들　123
유물의 값어치를 알아보는 법　133
본 적도 없는 위인의 초상화를 어떻게 만들까　137
이집트의 주요 수입원, 수에즈 운하　143
유네스코 세계기록유산의 힘　149
역사서와 위서는 종이 한 장 차이다　159
구독자들의 궁금증 세 번째　174

4 다양한 기원을 추적한다는 것

우리나라 청동 젓가락의 기원	181
인류는 언제부터 종이를 썼을까	185
스핑크스에 대한 사이비고고학자들의 해석	192
오리엔트에 대한 담론 업데이트	197
우리나라 역사에서의 노비에 대하여	200
고대부터 있었던 지도 측량 기술	208
나침반 없어도 가능했던 고대의 바다 네트워크	215
고대부터 이어진 관상의 중요성	220
구독자들의 궁금증 네 번째	224

5 우리가 미처 알지 못했던 이야기들

인구의 95%가 영토의 4%에 사는 이집트	231
사람이 많지 않은 지역의 당황스러운 문화	236
지도에 없는 미승인 국가들 이야기	240
인간과 밀접한 관계 속에서 살았던 고양이	247
전쟁을 막아내는 신박한 방법들	257
구독자들의 궁금증 다섯 번째	264

6 참을 수 없는 역사적 궁금증의 가벼움

활이 대체할 수 없는 무기였던 이유	271
현대인이 옛날로 가면 말이 통했을까	283
아프리카와 유럽 사이에 다리가 없는 이유	291
인류가 먹기 힘든 음식을 먹어야 했던 이유	297
전 세계적 공통의 세니사이드 현상의 이유	300
구독자들의 궁금증 여섯 번째	**308**

역사의 변곡점을 수놓은 결정적 장면들

이집트 문명의 꽃,
나일강의 위엄

허준 ✦✦ 나일강이 고대 이집트 문명의 탄생을 책임졌을 뿐만 아니라 현대 이집트에서도 절대적인 역할을 하고 있다고 알고 있는데요, 맞나요? 그렇다면 나일강은 인류 역사상, 그리고 지구상에서 가장 완벽한 화수분이라고 해도 과언이 아닐 텐데요. 정녕 지구상에 나일강만큼 완벽한 화수분은 없는 걸까요? 아니면 이집트인들만큼 환경에 만족하며 사는 사람들이 없는 걸까요?

곽민수 ✦✦ 나일강이 갖고 있는 특별한 특성이 있다면 바로 정기적인 범람입니다. 강이 범람한다고 하면 무서워 어떻게 살아갈지 궁금할 수 있는데요. 나일강의 경우 주기적으로 범람해 예측이 가능하고 피해도 거의 없습니다. 반면 대부분의 범람하는 강들의 경우 언제 범람할지 예측할 수 없으니 그때마다 피해가 막심해 수천 년간 만족하며 살 수 없었죠. 이용하기보다 통제하려는 쪽으로 발전해 왔다고 보면 될 겁니다. 나일강은 통제하기보다 이용하려는 쪽으로 발전해 왔고요.

자세히 들여다보면, 현대의 달력으로 7월 중순부터 범람이 시작됩니다. 그렇게 서너 달 정도 지속되죠. 이 홍수기, 범람하는 계절을 아케트^{Akhet}라고 하고요. 범람이 끝나면 뭘 해야 할까요? 농사를 지어야죠. 이 파종기, 씨를 뿌리는 계절을 페레트^{Peret}라고 합니다. 씨를 뿌리고 나면 뭘 해야 할까요? 추수를 해야죠. 이 수확기, 수확을 하는 계절을 셰무^{Shemu}라고 하죠. 고대 이집트인들은 1년을 3기로 나눈 이집트력을 만들었는데 다름 아닌 나일강의 리듬에 맞춰져 있습니다. 주기적으로 범람하는 시기를 기준으로요.

주기적인 범람은 인간에게 여러 가지 이득을 가져다주는데요. 이를테면 홍수로 잠겼다가 드러난 땅은 지력(농산물을 길러낼 수 있는 땅의 힘을 뜻하며, 흙에 포함된 유기성 영양분을 가리킨다)이 매우 높아집니다. 나일강의 전 지역에 걸쳐 비옥한 토지로 탈바꿈하는 거죠.

또한 강수량이 적은 곳에서 농사를 지으려면 물을 끌어다가

1830년경의 이집트 나일강 범람.

써야 하는데 자칫 지력이 소모되고 토지에 소금이 쌓일 수도 있어요. 그런데 나일강의 경우 주기적으로 범람하기에 지력이 소모되지도 않고 소금도 자연스레 씻어 냅니다. 농사짓기에 그야말로 지구상 최적의 환경인 것이죠.

이뿐만 아니라 주기적인 범람은 고대 이집트에 농업 생산력 증대와 함께 천문학과 역학 발전, 측량술과 수학 발전도 가져다줬습니다. 또 당시 농업이야말로 생존의 모든 것이다 보니, 나라의 근간을 이루는 농민들이 시간적 여유도 많아 피라미드를 비롯한 전 지구적 규모의 유적들을 만드는 데 큰 역할을 할 수 있었다죠.

나일강이야말로 고대 이집트 문명의 꽃이자 모든 것으로, 찬양하고 축복할 수밖에 없는 존재였던 겁니다.

박현도 ✦✦ 이슬람을 예로 들어볼게요. 메카에서 시작해 메디나에서 발전했지만, 훗날 권력의 축은 메소포타미아에서 자리 잡았죠. 시리아의 다마스쿠스, 이라크의 바그다드가 대표적입니다. 유프라테스강과 티그리스강이 흐르는 지역이죠. 메소포타미아가 두 강 사이의 땅이라는 뜻이고요. 나일강 문명만큼이나 뛰어난 문명을 이 지역에서 이뤘습니다.

강인욱 ✦✦ 어떤 나라는 영토를 넓히면서 국가 시스템을 만들고 어떤 나라는 영토를 유지하면서 국가 시스템을 만드는 것 같습니다. 땅에 대한 애착, 토포필리아(topophilia, 인간과 장소 사이의 정서적 교감)라고 하는 개념 있지 않습니까. 좋은 예가 우리나라 역사에 있는데요.

고구려가 제20대 국왕인 장수왕 때, 그러니까 5세기 때 국내성에서 평양성으로 천도하면서 남쪽으로 내려왔잖아요. 그때 고구려가 평양 천도가 아닌 요동 쪽이나 북쪽으로 천도하며 진출했으면 우리가 지금보다 훨씬 더 잘살았을 거라고 말하는 분들이 있죠.

하지만 그런 주장은 대체로 동의를 얻지 못하고 있어요. 장수왕이 뭘 몰라서 남쪽으로 온 게 아닙니다. 당시에는 중원과 북방 지역의 발흥으로 쉽게 대치할 수 없는 국제 정세도 한 원인이었어요. 그밖에 여러 원인으로 결단을 내려 남쪽으로 진출했고 결과적으로 꽤 성공했지 않습니까.

그런데 정작 들여다보면 만주에서 발흥해 만주에서만 계속 번영하며 국가를 이룬 역사는 없어요. 만주족의 경우 청나라까지 세웠지만 만주 어디에서도 그들의 흔적을 찾을 수 없습니다.

그렇게 본다면 고구려의 남방 진출은 그들이 한국사로 오롯이 엮이면서 지금도 정통성을 유지하는 큰 계기가 되었다고 해도 과언이 아닙니다.

하여 제가 생각하기에 성공의 기준은 영토의 크기가 아니라 '국가의 번성과 유지를 위해 어떤 시스템을 만들고 어떻게 유지시켰는가'예요.

중국을 4천 년 후퇴시킨 문화대혁명

허준 ✦✦ 지난 2024년 3월에 넷플릭스 오리지널 시리즈 〈삼체〉가 공개되어 꽤 큰 반향을 일으켰죠. 이후 빠르게 시즌 2와 시즌 3까지 제작이 확정되었는데요.

　작품을 보면 문화대혁명文化大革命이 굉장히 중요하게 나옵니다. 그러며 "문화대혁명이 중국 역사를 4천 년 후퇴시켰다"라고 언급하기도 하죠.

　그렇다면 당시 중국은 문화대혁명으로 얼마나 후퇴한 걸까요? 〈삼체〉에서 언급한 것처럼 4천 년을 후퇴시킨 걸까요?

강인욱 ✦✦ 저는 고고학자이다 보니 문화대혁명 당시 고고학에 관한 이야기에 관심을 두지 않겠습니까. 당시 고고학자들의 경우 1966년부터 1976년까지 10년 동안의 커리어가 완전히 실종되어 있어요. 엄청나게 죽기도 했을 테고 농촌으로 보내져 농촌 생활 및 노동에 종사해야 하는 이들도 있었을 거고요. 그러니 고고학 발굴 자체가 정지되다시피 했습니다. 뿐만 아니라 홍위병들이 이미 발굴된 유물과 유적들을 때려 부쉈죠.

일례로 명나라 황제 열여섯 명 중 열세 명이 묻힌 '명십삼릉明十三陵' 중 만력제의 매장지인 '정릉定陵'의 경우 1958년에 이미 발굴 작업이 완료되어 있었는데, 문화대혁명의 광풍이 들이닥치

명십삼릉 중 만력제의 매장지인 정릉의 전경.

면서 홍위병들에 의해 만력제의 유골이 완전히 부숴지고 불태워졌습니다. 그런데 마땅한 처벌을 받은 홍위병은 없었죠.

관련하여 중국에선 '78학번'이 특별한 의미를 띠는데, 그전까지 10년 동안 대학교가 폐쇄되었다가 1970년대 초반부터 일부 입학이 되긴 했지요. 하지만 대학 입학시험을 통해서가 아니라 홍위병들이 공업, 농업, 군인들을 임의로 선발해 각 대학교에 넣어버린 겁니다. 그러다가 1978년, 10년여 만에 대학교가 정상화된 거죠. 그래서 중국의 78학번들은요, 이른바 21세기 중국을 일으킨 재건의 당사자들입니다. 고고학계로만 봐도 여전히 78학번들의 위세가 엄청나죠.

문화대혁명으로 중국 역사가 족히 4천 년은 후퇴했다고 말하곤 합니다. 하지만 그것뿐이 아니고 또 역설적인 게, 1978년부터 불과 몇십 년 사이에 중국이 세계적인 강국으로 복귀했지 않겠습니까. 그래서 저는 차라리 문화대혁명이라는 게 중국을 무조건 후퇴시킨 게 아니라 대부분의 인민을 각성시키고 또 한편으로는 극도의 민족주의를 불러일으키면서 급속적인 발전으로 이어지는 역설적 시간이었다고 생각하고 싶어요.

한편으로 제 지인 중에도 당시 홍위병이었던 분이 있겠지만 아마도 금기시되었을 테니 때로 두렵기도 하지 않았을까 싶어요. 실제로 중국에선 금기시되어 있죠. 당시 뭘 했는지 언급하는 것 자체가 금지되어 있습니다.

정요근 ✦✦ 문화대혁명 때 중국인들이 당한 일을 보면 국가폭력 그 자체라고 해도 과언이 아닙니다. 그 와중에 국가폭력의 피해자도 있었고 물론 가해자가 되는 사람도 있었습니다만, 큰 틀에서 보면 모두 피해자라고 말할 수 있을 것입니다.

사실 문화대혁명은 대약진운동大躍進運動의 실패로 권력 기반이 흔들린 마오쩌둥毛澤東이 권력을 유지하고자 일으켰다는 점에서 사욕이 들어간 면도 강하죠.

결국 문화대혁명이 중국의 극단적 민족주의가 성장하는 계기로 작용했다고 볼 수도 있지만, 한편으로는 문화대혁명의 어두웠던 역사가 있었기에 이후 덩샤오핑鄧小平이 권력을 잡은 후 나라를 개혁개방으로 이끌 수 있었지 않나 싶어요.

그렇게 중국은 지금까지 경제적으로 크게 성장하며 세계적인 강국으로 나아갈 수 있었지 않습니까. 역설적으로 보면 문화대혁명이 그 밑바탕이 되지 않았나 싶기도 합니다.

강인욱 ✦✦ 네, 말씀대로 문화대혁명이 가진 역설적인 측면이 있지요. 문화대혁명 10년간 홍위병들이 그런 식으로 나라를 송두리째 뒤엎을 정도의 에너지가 있었기에 바로 그 에너지를 자양분 삼아 개혁개방 쪽으로 바꾸는 데 큰 힘이 들지 않았고 빠르게 발전할 수 있었다는 거죠.

그런 긍정적인 면과 함께 '역사적 합리화'라는 측면도 있습니다. 수많은 인명을 희생하고 세상을 부순 홍위병에 대한 잘못만 쏙 뺀다는 건 문제가 있다고 봅니다. 중국은 한쪽 면만 보는 경향이 짙은 것 같습니다. 문화대혁명 당시를 명명백백하게 짚고 넘어가야만 후과를 제대로 들여다볼 수 있지 않을까 싶어요.

문화대혁명의 10년은 중국에서 이른바 '집단 소거'된 것 같습니다. 그 누구도 그때 이야기를 하지 않고 할 수도 없으며 해서도 안 되죠. 또 지금에 와선 너무 오랜 시간이 흘렀기에 일종의 자기합리화로 당시의 기억을 미화하는 경우도 있어요.

어쨌든 15억 중국인의 기억에서 문화대혁명이라는 희대의 사건이 집단적으로 지워진 셈이니, 심리학적 측면에서 들여다보는 것도 흥미로울 것 같습니다.

박현도 ✦✦ 서기 66년부터 70년까지 로마 제국의 압제로부터 독립하려는 유대인들이 대대적으로 일으킨 반란을 '제1차 유대-로마 전쟁First Jewish-Roman War'이라고 하는데요.

70년에 로마군이 예루살렘을 정복하고 파괴하면서 전쟁이 끝났는데, 73년에 유대인들이 마사다Masada 요새에서 끝까지 항전하다 로마군 손에 죽지 않기 위해 서로 찔러 죽이고 마지막에 남은 사람은 스스로 목숨을 끊었죠.

이스라엘에선 지금도 마사다 요새의 항전을 기리면서 국가정신을 함양하고 있는데, "그때 만약 이스라엘인들이 로마에 항

서기 70년 티투스 황제가 이끄는
로마군이 예루살렘을 파괴했다.

거해 모조리 죽었다면 지금의 유대가 있었겠는가? 누군가는 후대를 이어가야 하지 않겠는가? 그러니 그때 로마 제국에 항거하지 않고 살아남은 걸 부끄럽게 생각해선 안 된다."라고도 말하는 겁니다.

문화대혁명 당시를 정확하게 기억하지 않고 자기합리화해 미화하는 것과는 다소 다르게, 제1차 유대-로마 전쟁 당시의 참혹한 상황을 기억하고 살아남은 자들의 의무를 떠올립니다.

강인욱 ✦✦ 문화대혁명이 낳은 후과가 지금도 이어지고 있는 모습 중 하나가 중국을 떠올릴 때 부정적인 모습들, 이를테면 주변 신경 안 쓰고 자기들끼리 막 떠들거나 광장에 한데 모여 광장무를 추는 게 문화대혁명 때 홍위병들의 모습에서 왔다고도 보는데요. 문화대혁명 당시 홍위병들이 대부분 배우지 못했고 또 자기들끼리 모여 뭔가를 하면 안 되는 게 없던 시절이니, 그런 식으로밖에 존재감을 내세울 수 없게 된 측면도 있는 거죠. 즉 현재 중국의 결코 좋아 보이지 않는 모습 중 몇몇이 사실 문화대혁명에서부터 시작되었다고도 볼 수 있다는 겁니다.

박현도 ✦✦ 강 교수님께서 말씀하신 부분과 비슷한 현상이 중동에도 있습니다. 1979년 이란에서 입헌군주제 팔라비 왕조가 무너지고 이슬람 종교 지도자가 최고 권력을 갖는 이슬람 공화국이 수립되는 '이란 혁명Iranian Revolution'이 일어납니다.

그때 세속주의에서 이슬람으로 바뀌었는데, 혁명을 피해 도망간 사람들이 남긴 기록을 보면요. 정권이 바뀌면서 잘 배우지도 못하고 자격도 되지 않는 사람들이 어느 날 완장을 차고 나타나선 사람들을 막무가내로 심문하고 잡아들이니 도망치지 않을 수 없었다는 겁니다.

그렇게 혁명이 지난 다음 미국에 가 있는 왕당파들은 지금도 여전히 이란을 무너뜨리려고 갖은 노력을 하고 있고 이란은 그 노력을 막고 있죠. 즉 세속과 이슬람이 계속 부딪히다 보니 이란 정부는 고대 왕정을 비롯해 관련된 역사에 대한 관심을 최대한 지양하는 겁니다. 이란에서도 이른바 '역사 전쟁'이 계속되고 있는 거죠.

곽민수 ✢✢ 혁명이라는 게 어떤 경우에는 정말 잊고 싶은 기억이 되는 것 같기도 합니다. 길고 긴 고대 이집트, 굉장히 평온했지만 딱 한 차례 20년 정도 격렬한 혁명기가 있었어요.

신왕국 제18왕조 제10대 파라오 아케나톤Akhenaton 시절로, 대략 기원전 1350년부터 20년 동안입니다. 그는 이집트의 종교를 아예 바꿔버리려고 했어요.

고대 이집트 문명은 다신교 사회였죠. 다신교 체계 속에선 자신이 집중적으로 숭배하는 신을 최고신으로 만들고자 숭배자

고대 이집트 파라오 아케나톤 석상.

들 사이에서 경쟁이 일어나는 경우가 종종 있지만, 그렇다고 다른 숭배 집단을 탄압하는 모습은 좀처럼 나타나지 않거든요.

그런데 아케나톤은 수천 년 동안 내려오던 다신교적 전통을 부정하고, 그때까진 아주 마이너한 역할만 하던 신 아텐Aten을 끌고 와 최고신으로 만들었을 뿐만 아니라, 유일신으로까지 만들려고 했죠. 그 과정에서 다른 신들은 부정되었고, 그 다른 신들의 숭배자들도 배척했습니다.

후대 이집트인들은 그 시기를 역사에서 완전히 지워버리려고 굉장한 노력을 기울입니다. 일례로 그 시기를 '질병만 가득했던 시기'라고 기록한다든가 아케나톤의 이름을 모든 기록에서 지워버리는 식으로 말이죠. 그래서 후대 학자들이 그 시기를 복원하는 데 굉장히 큰 어려움을 겪기도 했어요.

지금은 그 시대에 대해 꽤 많은 사실을 파악할 수 있습니다. 파괴했었기 때문에 오히려 보존이 잘된 사례들도 있고요. 아무리 지우려고 해도 실재했던 역사가 완전히 잊히는 법은 없는 것 같습니다.

허준 ✦✦ 저는 사실 문화대혁명이 중국의 후퇴를 가져왔는지 또는 발전을 가져왔는지보다, 이를테면 문화대혁명 때 무슨 일이 있었는지 알고 나서도 역사학도나 고고학도가 될 마음이 있었을까 하는 게 궁금해요.

박현도 ✦✦ 튀르키예 공화국이 성립될 때 이야기를 잠깐 드리면요. 1923년 무스타파 케말 아타튀르크$^{Mustafa\ Kemal\ Atatürk}$가 튀르키예 공화국을 건국할 때 방향성은 명백했습니다. 튀르크인들은 원래 유럽인이었고 또 백인이었다는 식으로 역사를 바꿔버려요. 그러니 튀르크인이 몽골 쪽에서 왔다는 명백한 사실을 뒤로하고 유럽인, 나아가 백인 쪽으로 맞춰야 하는 거죠. 그러니 그런 체제하에서 정상적인 학문, 특히 역사학을 공부하는 건 너무나도 힘들었을 겁니다. 이를테면 '1+1=2'라는 진리를 당연하게 여길 수 없으니 말입니다.

곽민수 ✦✦ 역사학을 포함한 인문학 연구의 경우 언제나 정치적 동원의 대상이 됩니다. 양면성이 존재하는데요. 정치가 인문학 연구에 개입하면 벡터가 강하게 걸리기 때문에 특정 역사관이 주류가 되는 문제점이 도출되지만, 정치의 개입으로 확실한 지원이 뒤따르기에 연구를 계속할 수 있다는 장점도 있는 거죠.

대표적 사례라 하면, 영국에서 인류학이나 역사학 또 고고학 등의 심층 인문학이 발전했던 배경에는 영국이 제국을 운영했던 당시 각 지역을 효과적으로 통치하고자 그 지역들을 연구하는 데 매달린 것도 있습니다.

런던대학교의 동양 아프리카학 대학(School of Oriental and African Studies, 약칭 'SOAS')이나 런던정치경제대학교(London School of Economics and Political Science, 약칭 'LSE') 같은 유수의 대학교들이 그런 과정에서 만들어졌습니다.

영국의 연구 중심 대학교들은 영국의 제국주의가 만들어낸 산물이라고 해도 과언이 아닐 겁니다. 원래 이 대학교들은 영국 제국주의가 식민지 개척과 연구의 첨병 역할로 만들어졌지만, 오늘날에 이르러선 전 세계적으로 저명한 사회과학의 중심지로 우뚝 서 있어요.

점령하기 애매한 계륵 같은 땅들

허준 ✦✦ 한국 한자음 독음으로 '대마도'라고 하죠. 일본 나가사키현의 쓰시마섬 있지 않습니까. 일본 본토보다 한국과 더 가까운 섬으로, 방송과 통신도 수신될 정도죠. 그런 대마도를 역사적으로 왜 정벌하고 우리나라 땅으로 만들지 않았을까 의아합니다. 따로 이유가 있었을까요?

강인욱 ✦✦ 일본과 한반도 양쪽의 나라에서 '꼭 우리 것으로 만들어야겠다'라고 생각할 만한 가치가 없지 않았을까요? 비용 대비 수익이 적게 산출되지 않았을까 예측해 봅니다. 정벌하는 데 들어가는 비용, 정벌하고 난 후 걷히는 세금 등을 산정해 보니 견적이 나오지 않았던 게 아닐까 싶어요.

정요근 ✦✦ 강인욱 교수님의 말씀이 일리가 있습니다. 쓰시마섬對馬島은 꽤 큰 섬이지만 대부분 해발고도 400미터 내외의 산지라, 개발한다거나 농지 등으로 활용할 수 있는 효용 가치가 별로 없어요. 그런데 일본으로선 굉장히 중요한 땅일 수 있습니다.

이를테면 고대 일본에선 선진 문화나 문물이 중국, 그리고 한반도를 통해 들어오지 않았습니까. 그 주요 통로에 쓰시마섬이 자리하고 있었고요, 즉 쓰시마섬을 거쳐야 하는 거죠. 그러니 일본으로선 반드시 쓰시마섬을 차지했어야 하는 겁니다.

강인욱 ✦✦ 쓰시마섬과 일본 사이에 이키섬壱岐島이라는 데가 있습니다. 그 섬이 고고학적으로 한일 교류의 중심지예요. 또 오키노섬沖ノ島이라는 아주 작은 섬이 쓰시마섬과 일본 사이에 있는데요. 이 섬이 제사 유적지로 유네스코 세계유산에 등재되어 있기도 하죠.

우리나라의 삼국 시대, 일본의 야요이 시대弥生時代 무렵에 한반도와 일본을 오가는 배들의 중요한 중간 기착지였는데 꼭 들러 세 여신께 제사를 지냈다고 해요. 그때부터 고훈 시대古墳時代까지 제사가 쭉 이어진 사실로 비춰볼 때 일본에서 한반도로 가는 사절단마저도 쓰시마섬을 잘 안 들렀던 것 같습니다.

그러던 것이 근대화 이후 지정학적인 거점이 되어 러일전쟁(1904~1905) 와중에 '쓰시마 해전対馬海戰'이 일어나지 않았습니까. 저는 그게 인상 깊더라고요. 그전까진 쓰시마섬을 한일 양측에서 크게 신경 쓰지 않았지만, 시대가 바뀌면서 가치도 함께 바뀐 것이지요.

정요근 ↔ 고려 말에 왜구가 기승을 부렸죠. 그때 고려에서 쓰시마섬을 두고 왜구의 소굴이자 거점이라고 생각했어요. 그래서 고려 말부터 조선 초까지 세 차례에 걸쳐 '대마도 정벌對馬島 征伐'을 실행에 옮겼죠.

3차 대마도 정벌도.

1차는 고려 창왕 1년 1389년에 박위의 지휘 아래, 2차는 조선 태조 5년 1396년에 김사형의 지휘 아래, 3차는 조선 세종 1년 1419년에 이종무의 지휘 아래 원정을 떠났어요.

그 정도로 고려와 조선 측에선 쓰시마섬을 정벌의 대상으로 본 것이고 반대로 일본 측에선 한반도로 가기 위한 경유지 내지 전초기지 격으로 쓰시마섬을 굉장히 중요하다고 생각하지 않았나 싶습니다.

다만 당시 쓰시마섬이 왜구의 소굴이자 거점이었던 건 맞는데 한반도나 중국 해안을 동시에 대규모로 침략할 정도의 인적, 물적 기반은 마련되지 못했을 겁니다. 당시 일본은 비록 무로마치 막부室町幕府 체제를 유지하고 있었지만 동시에 남북조 시대南北朝時代가 시작되면서 분열되어 있었기에 규슈 일대의 왜구 세력들이 쓰시마섬을 거점으로 한반도나 중국을 침략했던 거죠.

허준 ✦✦ 일본의 쓰시마섬처럼 계륵 같은 땅이 혹시 이집트에도 있나요? 이집트 역사를 보면, 특히 현대에 와서 별의별 문제가 다 있었어서 왠지 논란이 일 만한 땅이 있을 것 같거든요.

곽민수 ✦✦ 네, 있습니다. 아프리카의 이집트 남부와 수단 북부 국경지대에 있는 무주지無主地, terrae nullius인데요. 시간을 거슬러 올라가, 1899년에 영국이 북위 22도선에 자를 대고 그어 이집

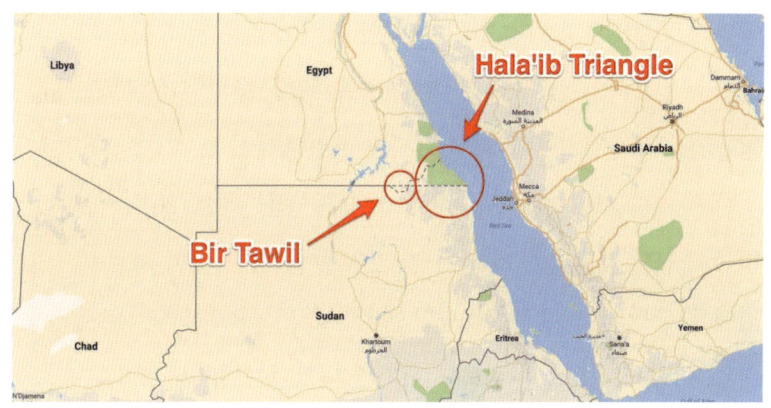

이집트와 수단 간의 비르 타윌과 할라이브 분쟁 지역.

트와 수단의 국경선을 만들었어요. 그런데 1902년에 지역적 특수성을 감안해 국경선을 약간 조정하죠.

그렇게 비르 타윌Bir Tawil은 이집트에 귀속시키고 할라이브Hala'ib Triangle는 수단에 귀속시켜요. 할라이브의 유목민들을 수단이 관리하는 게 맞겠다는 판단이었죠.

그런데 아니나 다를까 문제가 생깁니다. 할라이브가 비르 타윌보다 훨씬 크고 바다에 인접해 있기도 하고 지하자원까지 매장되어 있으니 이집트와 수단이 서로 자기 영토라고 주장하기 시작한 거죠.

즉 이집트는 할라이브가 자기네 영토였던 1899년 국경선을 주장하고 수단 역시 할라이브가 자기네 영토로 편입된 1902년 국경선을 주장하고 있는 겁니다. 반면 비르 타윌은 계륵 같은 땅으로 이집트와 수단 모두 관심이 없어요. 엄연한 땅인데 아무도 영유권을 행사하지 않는 희한한 광경이 펼쳐지죠.

무주지다 보니 재밌는 현상이 일어나곤 하는데요. 2014년에 미국 출신의 제레미아 히튼Jeremiah Heaton이라는 사람이 비르 타윌에 왕국을 세우겠다며 '북수단 왕국Kingdom of North Sudan'을 세워요. 이집트 정부로부터 독립 허가를 받았다는데, 이집트 정부가 수단을 견제하고자 이용한 것일 뿐 정식 국가로 인정한 건 아닙니다.

한편 할라이브도 바람 잘 날이 없었습니다. 2000년에는 그곳에 이집트군이 들어와 점령해버렸어요. 원래 수단군이 주둔하고 있었는데 이집트가 압력을 넣어 철수시키고 이집트군이 들어간 것이었죠. 이집트가 수단과는 비교할 수 없을 정도로 강국이기 때문에 일어날 수 있는 일이었어요.

현재는 이집트가 할라이브를 실효 지배하고 있는 상황이고 이집트화하려고 갖은 노력을 다하고 있다고 합니다. 물론 수단도 계속 할라이브의 영유권을 주장하고 있는 상황이고요.

허준 ✢✢ 그럼 중동은요? 중동이야말로 전 세계 최악의 분쟁 지역 아니겠습니까? 당연히 계륵 같은 땅이자 영토 분쟁 지역 또는 논란이 일 만한 곳이 있을 것 같아요.

박현도 ✦✦ 네, 일본의 쓰시마섬이나 이집트, 수단이 얽혀 있는 비르 타윌처럼 계륵 같은 땅이 중동에도 있습니다. 영토 분쟁 지역이라고도 할 수 있겠는데요. 페르시아만, 이란과 아랍에미리트 사이에 섬이 세 개가 있어요. 아부무사^{abumusa}섬, 대大 툰브^{tunb}섬과 소小 툰브섬.

1968년으로 거슬러 올라가, 당시 영국이 주둔비 문제로 걸프 지역에서 1971년 철수하기로 결정하면서 아부무사섬과 대·소 툰브섬에서 손을 뗐고 이란과 아랍에미리트의 토후국 중 하나인 샤르자가 공동주권을 행사하기로 협의했죠. 그런데 세부 협상에서 실패하고 말았고 1971년 11월 말에 이란이 아부무사섬과 대·소 툰브섬을 무력으로 점령해요. 이에 샤르자는 아랍에미리트에 가맹했고 이란과 아랍에미리트 간의 문제로 비화됩니다. 1992년에는 이란이 세 개의 섬을 완전히 장악하는 데 성공하죠.

사실 아부무사섬은 작고 보잘것없지만, 엄청난 원유가 매장되어 있거니와 페르시아만의 관문이라 할 수 있는 호르무즈 해협을 통과하려면 반드시 아부무사섬을 지나야 하기에 지정학적으로도 매우 중요합니다. 그러니 이란 입장에선 반드시 확보해야 하는 거점인 거죠.

반면 국력과 군사력에서 이란에 절대 열세인 아랍에미리트는 외교적으로 풀어가려 해요. 미국, 러시아나 중국 같은 강국에

호소하는 거죠.

그렇다고 아랍에미리트가 현재 뭘 어떻게 할 순 없어요. 원래 자기네 땅이라고 해도 절대로 이란한테서 세 개의 섬을 뺏어올 수 없습니다. 그러니 세 개의 섬을 두고 이러지도 저러지도 못하는 상황에 직면해 있는 거죠. 계륵 같은 땅이라고 하지 않을 수 없겠습니다.

아프리카, 중동 국경이 자로 잰 듯한 이유

허준 ✦✦ 영국의 제44·46·49대 총리인 솔즈베리 후작Most Hon. The Marquess of Salisbury이 이런 말을 했다죠. "우리는 백인이 한 번도 발을 디뎌본 적 없는 지역의 지도 위에 선을 그었다. 산, 강, 호수들을 정확히 어디서 찾아야 할지 모르는 어려움 속에서도 가까스로 배분했다"라고 말입니다.

중동 지역의 지도를 들여다보면 국경선들이 마치 자를 대고 그은 듯 직선인 곳이 꽤 많은데요. 어떠한 연유로 그처럼 인위적인 국경선이 형성된 걸까요?

박현도 ✦✦ 단도직입적으로 말씀드리면, 그처럼 자를 대고 그은 듯 직선인 국경선은 모두 서구 열강이 한 것입니다. 보통의 국경선은 직선이 아니고 이른바 삐뚤빼뚤하죠. 일반적으로 국경의 기준이 산, 강, 바다로 이뤄져 있기 때문이에요. 이를 두고 '자연환경적 국경physiographie board demacation'이라고 합니다. 반면 중동 국가들의 경우 상당수가 직선으로 된 국경선이죠. 이를 두고

1884년 11월 15일부터 이듬해 2월 26일까지 열린 베를린 회담 전경.

'기하학적 국경geometric board demacation'이라고 합니다.

19세기 말에서 20세기 초, 서구 열강은 값싼 원료 공급지와 판매 시장을 개척할 필요가 있었죠. 그들 시야에 중동 지역이 들어왔고요. 하여 중동 지역, 특히 아프리카를 두고 전투적으로 쟁탈전이 벌어집니다.

서구 열강 간의 긴장감이 고조되는 1884년 11월 15일, 당시 독일 제국의 총리 오토 폰 비스마르크Otto von Bismarck의 주도하에 베를린에서 회담이 열려요. 이듬해 2월 26일까지 열린 '베를린 회담'을 통해 서구 열강의 아프리카 쟁탈전 이해 당사자들 열네 개국이 모여 아프리카 식민지를 분할하고자 하죠. 그 결과 상당수의 아프리카 국가들의 국경선이 일직선에 가까운 기괴한 모습을 보이게 된 겁니다. 이를 두고 '아프리카의 분할Scramble for Africa'이라고 합니다.

인위적으로 만든 국경선은 다양한 분쟁을 유발했습니다. 중동 지역의 경우 다양한 부족들이 오랫동안 고유의 문화를 공유해 왔는데 서로 무차별적으로 섞여버리고 만 겁니다.

즉 서구 열강이 근대 세계에서 가장 중요한 개념으로 생각하는 '민족nation'이라는 개념을 가져와 중동 지역에 국민국가國民國家 nation state들을 양산한 것이죠.

예를 들면 요르단의 정식 명칭은 '요르단 하심 왕국Hashemite Kingdom of Jordan'인데요. 1921년 영국이 만든 '트란스요르단 아미르국Emirate of Transjordan'으로부터 시작했습니다. 제1차 세계대전 당시 지지부진했던 오스만 제국과의 싸움에 돌파구를 열고자 후세인 빈 알리Hussein bin Ali에게 접근해 반란을 일으키게 하죠. 아랍 국가를 만들어주겠다는 약속으로요. 하지만 후세인이 반란에 성공하고 전쟁도 끝났지만 영국은 약속을 지키지 않았고 후세인의 차남을 트란스요르단의 국왕 자리에 앉혀요.

이후 1946년 트란스요르단은 영국으로부터 독립해 현재의 요르단으로 거듭납니다. 문제는 요르단을 이루는 국민이 한 민족이었냐 하면, 70%에 이르는 사람이 팔레스타인인이었다는 거죠. 임의대로 부족을 뒤섞어버리고 나 몰라라 했던 겁니다.

중동에는 이런 문제들이 곳곳에 도사리고 있어요. 그래서 민족은 있는데 국가가 없는 이들이 산재해 있죠. 대표적으로 전 세계적으로 1천만여 명이 있는 것으로 추정되는 발로치족Baloch, 전 세계적으로 4천만여 명이 있는 것으로 추정되는 쿠르드족Kurd이 있고요. 그런가 하면 같은 민족인데 다른 국가로 나뉜 경우로 아제르바이잔과 이란령 아제르바이잔을 들 수 있겠습니다.

강인욱 ✢✢ 제가 생각하기에 지구상 모든 국경선은 산, 강, 바다로 이뤄진 '자연환경적 국경'이 아닌 인위적으로 그린 '기하학적 국경', 즉 정치의 선이라고 봅니다. 박현도 교수님께서 '민족'이라는 개념과 함께 '국민국가'를 말씀하셨는데, 사실 그전까진 수

1924~1925년에 진행된 소련의
중앙아시아 영토 분할을 나타낸 지도.

십 개의 부족으로 있다가 20세기에 들어 민족으로 규정되는 경우가 많은데요, 이미 정치가 개입된 거라고 봐요.

이를테면 1920년대 초 러시아 내전에서 승리하며 소련의 정권을 잡은 볼셰비키는 고도의 계산으로 구성국構成國, Constituent state을 만들었습니다. 로마제국 때부터 있었던 '분할통치Divide and rule' 개념을 철저하게 시행한 것이죠. 이른바 '소련의 국내 영토 분할' 정책이라고 해요.

그중 카자흐가 러시아 다음으로 넓었어요. 그런데 러시아 진출 이전에 중앙아시아에서 가장 영토가 넓고 강했던 사람들은 우즈베크였죠.

즉 러시아가 우즈베크를 견제하고자 전략적으로 카자흐의 영토를 늘렸고, 그 계획의 일부로 시베리아 땅을 떼어주는 형식이었던 겁니다. 현재 지도를 보면 러시아와 우즈베키스탄 그리고 여러 나라 사이에 거대한 카자흐스탄이 완충 지대 역할을 하고 있는 형국이죠.

그런가 하면 키르기스스탄처럼 새롭게 독립하는 경우도 있어요. 문제는 키르기스가 쓰는 말이 카자흐와 거의 똑같다는 겁니다. 사실 같은 사람들이 지역만 달리해 살았던 겁니다. 그런데 굳이 산속에 사는 카자흐에 '시베리아에서 온 사람들'이라는 정체성을 부여해 나라를 만들어버린 거죠.

그런 와중 키르기스 안에 우즈베크인이 많은 도시를 포함시키고 우즈베크에는 키르기스인이 많은 도시를 포함시키는 만행을 저지릅니다. 우즈벡의 안디잔^{Andijon}이라는 도시와 키르기스의 오시^{Osh}라는 도시인데요. 그곳에서 폭동 사태가 자주 일어나요, 당연하게도. 그런가 하면 우즈베크의 부하라^{Buxoro}는 타지크인의 비중이 압도적입니다.

문제는 타지크어와 우즈베크어가 서로 완전히 다른 어족이라는 점이에요. 비슷한 점을 찾으려야 찾아볼 수 없죠.

소련, 즉 이오시프 스탈린$^{Joseph\ Stalin}$은 소련의 국내 영토 분할 정책을 시행함에 있어 다분히 전략적으로 '너희끼리 서로 싸워 망해라'라는 계산이 깔려 있던 겁니다.

'별생각 없이' '깊은 고민 없이' 국경선을 그어버렸다고 알려져 있는데, 사실은 고도의 계산을 갖고 국경선을 그었던 거죠. 오히려 그래서 자를 대고 그린 듯 반듯한 모양새인 겁니다.

금서 한 권이
나라를 뒤흔들었던 사연

허준 ✦✦ 지배 세력이 판단하기에 정치 사회 질서를 파괴하고 미풍양속을 어지럽힌다고 생각하는 책을 출판 또는 판매 금지하는 경우가 종종 있지 않습니까. 보통의 상식으로는 그저 '금지된 책'이라는 정의를 담고 있으나 사상통제의 의미가 다분한 것 같습니다. 역사상으로도 '금서禁書'로 유명한 책들이 많을 것 같은데, 어떤가요?

정요근 ✦✦ 우리나라 역사상 가장 대표적인 금서로는 『도선비기道詵秘記』와 『정감록鄭鑑錄』이 있습니다. 『도선비기』라 하면 통일신

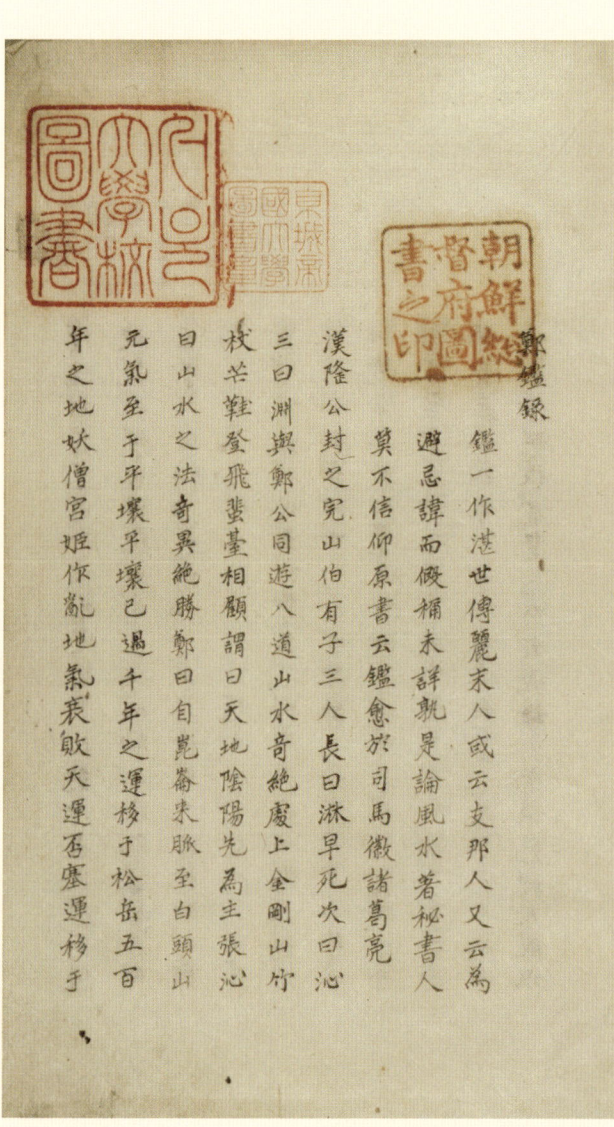

조선 시대의 대표 금서 『정감록』.
ⓒ한국민족문화대백과사전

라 후기의 승려 도선道詵이 지었다고 전하는 풍수서로 현재 원본은 전해지지 않고요. 『고려사』에 인용된 일부 구절이 전해지고 있을 뿐이죠. 조선 시대가 되면 『도선비기』의 원본은 이미 사라졌지만, 동일한 이름의 예언서가 현실 상황에 불만을 가진 사람들 사이에 퍼져 나가기도 합니다.

『정감록』의 경우 조선 중기 이후 민간에 널리 퍼진 예언서로 이심과 정감의 대화 형식으로 되어 있는데, 한양에 도읍을 둔 이씨 왕조가 멸망한 후 정씨가 새로운 나라를 세워 계룡산에 도읍을 정할 거라는 예언이 핵심 내용이죠.

『도선비기』든 『정감록』이든 결국 예언서이자 도참서인데, 체제를 바꾸려는 의도가 담겨있어요. 시대의 억압적인 질서를 파괴하려는 움직임이 그런 형태로 나타나지 않았나 싶습니다. 지배 세력의 입장에선 어떻게든 널리 퍼지는 걸 막으려 했을 테고요. 특히 조선은 왕조 국가이니 왕조가 쭉 이어져야 하는데 언젠가 망할 거라는 예언을 하고 있으니 반드시 그 유포자를 색출해야 했을 겁니다.

그런가 하면 조선 시대의 경우 후기로 갈수록 유교 사상, 그중에서도 주자 성리학을 나라의 근본 사상으로 강하게 밀어붙였으니 주자의 해석과 다른 학설을 펼치는 사람들을 비방하고 배척했어요. '사문난적斯文亂賊'은 그렇게 나온 멸칭인데요. 대표적으로 서인 송시열宋時烈이 주자의 주석에 의심을 보이고 독자적으로 경전을 해석한 남인 윤휴尹鑴를 사문난적으로 지목해 공격했죠. 이후 송시열을 따르는 이들이 노론이 되었고 윤휴에 대해 유연한 입장을 보인 윤선거尹宣擧와 윤증尹拯 부자를 따르는 이들이 소론이 되었습니다.

반대 세력을 제거하기 위한 정치 투쟁의 방법으로 성리학적 명분론을 앞세웠다고 볼 수도 있겠습니다.

그리고 '이단異端'이라는 말을 들어보셨을 텐데, 대체로 기독교 용어인 줄 알고 계시지만 유교에서 나온 용어죠. 보다 구체적으로는 『논어論語』「위정爲政」편의 '공호이단 사해야이攻乎異端, 斯害也已'에서 나왔습니다.

박현도 ✦✦ 움베르토 에코Umberto Eco의 소설 데뷔작이자 대표작 『장미의 이름The Name of the Rose』을 보면 나이 든 장님 수도사 호르헤가 수도사들이 아리스토텔레스Aristotle의 『시학詩學』제2권을 어떻게든 읽지 못하게 막으려 하죠. 책장 모서리에 독약을 발라놓기까지 해서요. 『시학』은 희극, 그러니까 웃음에 대해 논의하고 있는데 호르헤가 생각하기에 웃음이란 추하고 경박한 것으로 하느님을 섬기는 수도원에 어울리지 않는다고 본 겁니다.

그런가 하면 이슬람 세계에도 금서들이 있습니다. 그중 가장 유명한 책이 철학자 이븐 루시드Ibn Rushd의 책들이에요. 그는 이슬람의 근본주의 신학자들의 비판을 받아 저서가 소각당하고

감금당하기까지 했는데, 그가 해석한 아리스토텔레스 신학이 이슬람 순니파의 보편적 신학과 너무나도 큰 차이가 있었기 때문이었죠. 대표적으로 "영혼은 불멸하지 않지만 지성(이성)은 불멸한다"라고 주장했는데 이슬람 정통 교리와 절대 양립할 수 없는 견해였습니다.

곽민수 ✦✦ 그래서 이븐 루시드의 경우 유럽에서, 특히 르네상스 시대 때 굉장히 높은 평가를 받았어요. 이를테면 단테 알리기에

라파엘로 산치오의 〈아테네 학당〉.

리Dante Alighieri의 『신곡Divina Commedia』에서도 엄청 중요하고 멋있는 존재로 등장하죠. 그리고 라파엘로 산치오Raffaello Sanzio의 〈아테네 학당The School of Athens〉 있지 않습니까. 고대의 대학자들을 한자리에 모은 상상화인데, 거기에도 놀랍게 이븐 루시드가 등장합니다. 이후 유럽에 아리스토텔레스에 관한 그의 저서가 알려지면서 유럽이 아리스토텔레스 열풍에 휩싸이기도 했을 정도죠.

강인욱 ✦✦ '금서'라는 말 자체가 뭇사람들이 엄청나게 접하니까 가능한 거죠. 굳이 찾아볼 책이 아니라면 굳이 금서로 정할 필요도 없겠지요. 그리고 금서로 지정되었다가도 나중에 해금이 되어 세상에서 인기를 얻어야 비로소 '금서'라는 타이틀(?)도 얻는 것입니다.

그런 점에서 소련의 금서도 빠질 수 없습니다. 금서로 지정된 것도 많고 또 소련 말기부터 해금되어 다시 사랑받은 책도 많거든요.

제가 가장 좋아하는 소련 소설가 중 미하일 불가코프Mikhail Bulgakov라고 있습니다. 그의 대표작으로 『거장과 마르가리타 Мастер и Маргарита』를 손꼽지만 저는 1925년에 발표한 『개의 심장 Собачье сердце』을 가장 좋아합니다.

혁명 시절, 어떤 의사가 개와 사람의 머리를 바꿔치기해요.

개의 머리를 한 사람이 예의도 없고 거친데 혁명 세력들이 그 모습에 반해 그가 혁명 지도자가 되는 거죠.

그야말로 당대 정치 상황을 철저하게 비판한 거예요. 볼셰비키에게 "너희 혁명 우두머리는 예의도 없고 거친 개나 다름없다"라고 말하고 있는 것이나 다름없죠. 그러니 발표 직후 반볼셰비키적이라는 맹렬한 비판과 함께 원고가 압수당했고, 60여 년이 지난 1987년에야 비로소 해금되어 러시아에서 복간될 수 있었어요. 복간되자마자 큰 인기를 얻으며 영화로도 만들어졌죠. 금서로 아무리 묶어놔도 사람들이 꾸준히 사랑했다는 반증이지요.

박현도 ++ 개인적인 일 하나가 생각나는데, 제가 대학교를 다닌 1980년대만 해도 대학교 근처에 전경들이 배치되어 있곤 했습니다. 그들이 학생들 가방을 다 뒤졌거든요, 금서가 나오면 압수하려고 말이죠.

그때 카를 마르크스$^{Karl\ Marx}$, 당시만 해도 '칼 막스'라고 부르곤 했던 그와 막스 베버$^{Max\ Weber}$를 구분 못해서 막스 베버의 책을 압수하곤 했어요. 마르크스야 공산주의 혁명가라지만 베버는 법률가이자 사회학자 아닙니까.

곽민수 ++ 금서 하면 빠질 수 없는 게 기독교 아니겠습니까. 이른바 종교에 관련된 금서들 말이죠. 교황청에서 지정한 '금서목록Index Librorum Prohibitorum'이 유명한데요, 주요 리스트만 봐도 전부 다 오늘날 매우 중요하게 여겨지는 문헌들입니다.

'금서목록'이 처음 만들어진 게 1546년이에요. 개신교에 맞서 가톨릭 내부를 단속하고 쇄신하고자 대항 종교개혁의 개념으로 소집한 트리엔트 공의회Concilium Tridentinum 직후 금서목록을 만든 겁니다. 이 금서목록은 1962년부터 3년간 이어진 제2차 바티칸 공의회Concilium Oecumenicum Vaticanum Secundum 후 해제돼요. 즉 420여 년간 교회법적 효력을 갖고 있었던 거죠. 이후 교회법적 효력은 없어졌지만 도덕적 참고 사항 내지 금지 권고 대상으로 존치 중입니다.

금서목록을 살짝 살펴보면, 아무래도 시작이 반종교개혁의 일환이었으니 종교개혁의 주된 운동가들 저작물이 포함되어 있죠. 장 칼뱅Jean Calvin이나 울리히 츠빙글리Ulrich Zwingli를 비롯한 개혁신학 신학자들의 모든 저작물과 마르틴 루터Martin Luther를 비롯한 루터파 신학자들의 모든 저작물이 포함되어 있어요.

그런가 하면 잘 알 수 없는 이유로 알렉상드르 뒤마Alexandre Dumas, 빅토르 위고Victor Hugo, 오노레 드 발자크Honoré de Balzac 등의 소설 작품들도 포함되어 있고요.

프랜시스 베이컨Francis Bacon, 바뤼흐 스피노자Baruch Spinoza 임마누엘 칸트Immanuel Kant, 장자크 루소Jean-Jacques Rousseau 등의 철학자들 저작물이 포함되어 있는 건 어느 정도 예측할 수 있는 부분이긴 합니다.

또 조르다노 브루노$^{Giordano\ Bruno}$, 갈릴레오 갈릴레이$^{Galileo\ Galilei}$, 니콜라우스 코페르니쿠스$^{Nicolaus\ Copernicus}$ 등 과학자들 저작물도 많이 포함되어 있고요.

보통의 시선으로 보면 도통 이해할 수 없는 목록이라 할 수 있겠습니다. 이 많은 인류의 고전을 금지하면 뭘 접하면서 지식과 지혜를 함양할 수 있겠습니까.

박현도 ✦✦ 곽민수 소장님이 교황청의 금서목록을 말씀하셨을 정도로 기독교와 금서는 떼려야 뗄 수 없는데요. 사실 교황청까지 갈 필요도 없습니다. 기독교 초창기에, 그러니까 로마 시대 때는 조금이라도 다른 생각을 갖고 있으면 책을 읽지 못하게 막았어요.

이를테면 『도마복음$^{The\ Gospel\ According\ to\ Thomas}$』이라는 게 있습니다. 1945년 이집트의 나그함마디에서 콥트어(고대 이집트어)로 적힌 온전한 문서가 발견된 후, 연구를 진행하면서 1988년 이집트의 고대 로마 유적지에서 발견한 그리스어 문헌과 일치하는 게 확인되었죠. 통상적으로 2~4세기에 저술된 것으로 추정하는데, 당시 금지하고 읽지 못하게 하니 그냥 사라지고 만 겁니다. 걸리면 큰일 나니 아무도 모르게 꽁꽁 숨겨놨던 거죠.

강인욱 ++ 다른 나라 사람들은 너무나도 잘 아는데, 금서로 지정되어 정작 그 나라 사람들은 모르는 책들이 있죠.

가장 좋은 예로 보리스 파스테르나크Борис Пастернáк의 『닥터 지바고Доктор Живаго』를 들 수 있는데, 소련에선 금서로 지정되어 출간하지 못한 게 알음알음 서방으로 알려지고 이후 소련의 체제를 비판하는 내용이 전 세계적으로 주목을 받으며 1958년 노벨문학상을 수상했습니다.

하지만 소련 내에서 큰 반발에 직면해 수상을 거부할 수밖에 없었죠. 소련에선 1988년에야 공식적으로 출판이 허용되었고요. 그러니 정작 소련 내에선 오랫동안 이 국제적인 작품을 알 도리가 없었던 거죠.

거기에는 또 다른 이유가 있었으니, 미국의 CIA에서 『닥터 지바고』를 냉전 시절 선전으로 적극 이용했기 때문입니다. 2014년에 해금된 CIA 문서를 통해 밝혀진 사실인데요, 출판이 금지된 『닥터 지바고』를 전격적으로 이탈리아에서 발간하고 나아가 노벨상을 수상하게끔 홍보하는 데 도움을 주면서 프로파간다로 활용했다는 게 밝혀졌지요.

칭기즈 칸은 어떻게
세계의 반을 점령했나

허준 ✦✦ 현생 인류의 상당수가 칭기즈 칸의 DNA를 갖고 있다는 말이 있을 정도로 인류 역사에서 칭기즈 칸이 차지하는 비중이 상당하지 않습니까? 그를 빼놓고는 얘기할 수 없을 만큼요. 세계의 절반을 점령한 영웅 아닌가요.

강인욱 ✦✦ 저는 칭기즈 칸$^{Cinggis\ Qan}$을 마냥 좋게만 보진 않습니다. 오히려 비판적으로 봐요. 그를 두고 〈타임지〉는 13세기를 대표하는 인물로 꼽았고 〈워싱턴포스트〉는 지난 1천 년간 가장 중요한 사람 중 한 명으로 뽑는 등 서양이 만들어낸 영웅이라는 측

칭기즈칸 초상화.

면이 좀 강한 것 같단 말이죠. 그렇다면 과연 언제부터 칭기즈 칸을 영웅이라고 추켜 올리며 숭배했느냐 하면, 바로 냉전 시대부터입니다.

물론 유라시아 유목민족 사이에서 칭기즈 칸은 영원한 롤모델 같은 영웅이었습니다. 하지만 칭기즈 칸만 있는 건 아니었죠. 제가 보기에 티무르 제국을 건국한 티무르나 살라흐 앗 딘 유수프(살라딘)도 못지않게 위대했다고 생각해요. 그러니 칭기즈 칸에만 유독 스포트라이트를 비추는 건 20세기 냉전 시대 당시의 정치 상황과 관련이 깊다고 보는 겁니다.

칭기즈 칸을 좋아하는 것 같지만 싫어하는 나라가 어디였나 하면, 바로 소련이에요. 옛날 칭기즈 칸에 의해 정복당했기 때문도 있을 테지만, 칭기즈 칸 탄생 800주년이 되는 지난 1962년에 그의 탄생지에서 몽골인 3만여 명이 모여 기념 대회를 열었을 때 소련이 비판을 가합니다. 분리주의자, 민족주의자, 봉건주의자들이 사회주의에 반하는 행동을 했다는 거죠.

당시 유라시아의 진정한 패권자는 소련, 즉 슬라브인들이라는 거예요. 과거 슬라브인을 침략해 정복한 몽골인이 칭기즈 칸 탄생을 칭송하며 유라시아를 떠들썩하게 하면 소련의 면이 안 서지 않겠습니까.

몽골의 수도이자 최대 도시 울란바토르에 가면 도시 한가운데 거대한 광장이 있습니다. 대부분 칭기즈 칸 광장인 줄 아는데, 수흐바타르 광장이에요. 울란바토르의 상징과 같은 광장이죠. 거기에 몽골의 공산혁명가이자 독립운동가 담딘 수흐바타르 Damdin Sükhbaatar의 기마상이 세워져 있어요. 그는 1920년대 인민의용군을 결성해 직접 총사령관에 올라 중국군을 격파한 후 블라디미르 레닌Vladimir Lenin과 협상해 러시아 적군의 지원을 받아 러시아 백군을 격파한 후 인민정부를 수립하고 몽골의 독립을 선포한 영웅이지 않습니까. 그 덕분에 몽골은 세계에서 두 번째로 공산주의 국가로 거듭날 수 있었죠.

담딘 수흐바타르.

그전까지 몽골은 소련에 복속되어 있었다고 해도 과언이 아니었습니다. 초거대 국가 소련과 중국 사이에서 400만 명의 인구를 가진 몽골이 뭘 어떻게 할 수 있었겠어요? 그저 소련과 중국의 완충지대로서 작용해 왔을 뿐이었죠. 그런 가운데 지금의 몽골을 만들어낸 게 바로 수흐바타르인 겁니다.

한편 수흐바타르 광장에는 칭기즈 칸의 동상도 있습니다. 사실 지금은 몽골을 상징하는 인물로 칭기즈 칸을 더 높이 쳐주죠. 광장은 물론 공항, 보드카, 박물관 등 칭기즈 칸의 이름이 없는 곳이 없을 정도예요. 하지만 소련 시절 몽골에선 광장, 화폐에 등장하는 인물 등 수흐바타르를 더 높이 쳤어요. 아무래도 1990년 전까지 몽골은 공산주의 국가였으니까 말이죠.

반면 서양에선 칭기즈 칸을 더욱 영웅시하며 떠받들었죠. 서양도 칭기즈 칸이 세운 몽골 제국의 피해를 많이 받긴 했지만요. 냉전 시절에는 그보다 소련을 견제할 마음이 더 강했던 거죠. '소련이 무슨 유라시아 패권자냐 진정한 유라시아 패권자는 몽골이지'라는 생각이었던 겁니다.

만약 몽골이 실질적으로 목소리를 낼 수 있고 누구한테든 위협이 되는 나라였다면 그렇게까지 띄우진 않았을 거라고 생각합니다. 그러기는커녕 몽골은 소련과 중국이라는 두 거대 국가 사이에서 완충 지대 역할을 하며 겨우 살아가고 있으니까요.

그러니 서양에서 '그래도 몽골이 진정한 영웅의 나라'라면서 칭기즈 칸의 서사를 더 과장한 측면이 있지 않았을까 싶습니다.

박현도 ✦✦ 사실만 놓고 봐도, 러시아가 칭기즈 칸을 싫어할 수밖에 없는 이유는 명백합니다. 1240년부터 1480년까지 자그마치 240년 동안 지배를 받았지 않겠습니까. 어마어마한 트라우마가 오랜 세월 계속되고 있는 거죠. 게다가 나폴레옹 보나파르트

Napoléon Bonaparte가 이런 말을 했다고 전해지지 않나요. "러시아인의 얼굴을 벗기면 타타르(몽골-투르크족을 총칭하는 말)의 얼굴이 나타난다"라고 말이죠.

강인욱 ✦✦ 칭기즈 칸에 관한 다양한 이야기가 전해지지 않습니까. 몽골 제국의 역사서 『원조비사元朝秘史』에 보면 어려서부터 고난을 받았고 어린 시절 의형제를 맺은 자무카와 결별하기도 하고 수많은 이와 동맹, 불화, 결별을 이어가는 등의 간난고초를 겪었습니다.

그런데 그게 처음 알려진 게 얼마 되지 않아요. 150년밖에 안 되죠. 1866년 러시아 승려이자 한학자인 팔라디우스 카파로프Palladius Kafarov가 중국 베이징의 러시아 정교회 선교부 책임자로 재직 중에 우연히 발견해 러시아말로 번역했어요. 그렇게 중국어 번역본을 처음으로 번역했죠. 그러니 칭기즈 칸이라고 하는 존재를 제대로 알게 된 게 얼마 되지 않은 겁니다.

곽민수 ✦✦ 그럼에도 불구하고 몽골 제국, 그러니까 칭기즈 칸이 놀라울 정도로 넓은 지역을 정복했다는 사실은 주목할 만한 것 같아요. 그런 한편 그 엄청난 크기의 영토는 시대적 상황 때문에 가능했었다고 생각합니다.

칭기즈 칸의 몽골군이 호라즘 제국Khwarazmian Empire을 무너뜨리는데, 사실 메소포타미아와 이란 쪽의 근동 지방은 전통적으로 굉장히 강력한 제국들이 위치했던 곳이에요. 와중에 호라즘 제국의 경우 근동의 패권을 장악했던 역대 국가들 가운데 약체에 속했죠. 그러니까 쉽게 무너질 수밖에 없었어요.

칭기즈 칸이 그보다 훨씬 전에 태어났다면 사산조 페르시아Sasanian Persia나 파르티아Parthia 같은, 호라즘보다 훨씬 더 강력한 제국들을 상대해야 했을 겁니다. 결코 쉽게 승리를 쟁취하지 못했을 것 같아요.

그리고 또 하나 흥미로운 역사적 사실이 있습니다. 이집트에 관한 것인데요. 몽골군은 계속해서 서진하지만 결국 이집트한테 막히고 말아요. 1260년 아인 잘루트 전투Battle of Ain Jalut에서 몽골군은 맘루크군과 맞붙습니다. 당시 몽골은 아바스 왕국Abbasid Caliphate의 수도인 바그다드를 함락시킨 뒤 중동의 서남쪽 끝까지 도달해 마침내 이집트의 맘루크 왕조Mamluk Sultanate를 침공하는데, 맘루크군이 칭기즈 칸의 손자 훌라구의 부하인 키트부카가 이끄는 몽골군을 패퇴시키죠. 몽골군은 더 이상 서쪽으로 진격하지 못합니다.

박현도 ✦✦ 곽 소장님 말씀에 약간 첨언하자면, 그때 몽골이 패한 주요 이유 중 하나가 바로 대칸의 죽음이에요. 몽골 제국 제4대 대칸인 몽케 칸이 1259년 8월에 남송 원정 중 병에 걸려 급사하고 맙니다. 그러니 훌라구로선 형이자 대칸이 사망하자 새로운 대칸을 뽑는 모임에 참석하고자 주력군을 이끌고 돌아갈 수밖에 없었죠. 그렇게 서아시아 원정에서 본진이 빠지고 결정적인 전투인 아인 잘루트 전투에서 본진이자 주력군 없이 싸운 몽골군은 패할 운명이었던 겁니다.

정요근 ✧✧ 그보다 이전에 몽골 제국이 대대적으로 실행한 서방 원정에서 실패한 이유와 동일하죠. 1241년 폴란드와 헝가리 전역에서 큰 승리를 거둔 후 신성로마 제국을 침공해 유럽의 중심부까지 타격하려 했던 몽골군은 1242년 초에 돌연 회군하고 마는데요. 그 이유가 바로 대칸의 죽음에 있었어요. 몽골 제국 제2대 대칸인 우구데이 칸이 사망하고 말았던 거죠. 그러니 몽골군의 주요 지휘관들은 새로운 칸을 뽑기 위해 본토에서 열리는 쿠릴타이^{Quriltai}에 참가하고자 회군을 결정했던 겁니다.

강인욱 ✧✧ 제가 보기에 칭기즈 칸은 '특정한 나라를 꼭 정복하겠다'는 식의 목적의식이 투철하지 않았던 것 같습니다. 그저 눈앞에 보이는 나라를 정복하는 데 있어, '안 되면 말고' 하는 마음이 강했던 것 같아요. 그의 부대는 인도, 이집트, 동남아 같이 더운 지역을 공격하다가 안 되면 빠르게 철수하기도 했습니다. 유목민의 특성이 한껏 발휘되었다고도 할 수 있겠죠. 하여 칭기즈 칸의 진정한 위대함을 밝히기 위해선 13세기 당시 유목민들의 관점에서 세계를 바라보는 게 선행되어야 한다고 생각합니다.

박현도 ✦✦ 저는 칭기즈 칸의 몽골 제국을 두고 차마 중요하지 않다고 말할 수 없는 게, 이후 무슬림 세계의 왕국들이 하나같이 자신이 칭기즈 칸과 관련되어 있다고 무진장 노력해요. 이를테면 칭기즈 칸의 후대와 결혼해 부마국駙馬國이라고 한다든지 말이죠. 이후 티무르 제국의 티무르Timur나 무굴 제국의 바부르Babur도 칭기즈 칸과의 관련성을 따집니다. 그러니 실질적으로 몽골 제국 이후 이슬람 세계를 지배했던 왕국들은 전부 몽골의 후예, 즉 칭기즈 칸의 후예라고 해도 무방하지 않죠.

정요근 ✦✦ 칭기즈 칸은 중국 쪽, 즉 금나라를 제대로 정복하지 못했어요. 서하 정도만 정복했죠. 그런 만큼 제가 보기에 칭기즈 칸은 정복 군주로서 과장되어 있는 측면도 있는 것 같습니다. 정복한 영토로만 따지면 칭기즈 칸 사후에 몽골 제국은 전성기를 구가하며 최대 강역을 자랑했으니까요.

　부모가 잘나서 자식이 훌륭한 게 아니라 자식이 잘나서 부모가 훌륭해지는 것 같습니다. 결국 칭기즈 칸의 후계자들이 유라시아 대륙 각지에서 대제국을 건설하지 않았습니까. 쿠빌라이가 원나라를, 차가타이가 차가타이 칸국을, 훌라구가 일 칸국을, 바

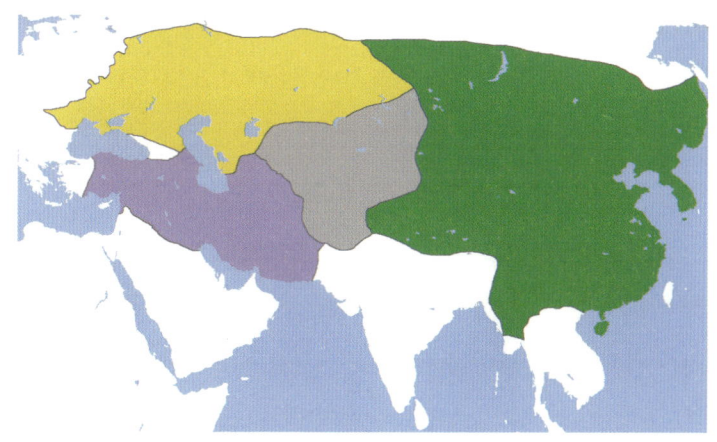

1300년경 몽골 제국의 분열. 녹색이 원나라, 노란색이 킵차크 칸국, 회색이 차가타이 칸국, 보라색이 일 칸국이다.

투가 킵차크 칸국을 건국했죠. 그들은 모두 공통적인 선조로 칭기즈 칸을 부각했고 나중에는 그것이 전통으로 이어졌습니다.

쿠빌라이의 경우 동생인 아릭 부케와의 치열한 싸움 끝에 승리를 거두고 칸의 자리에 올라 원나라를 세운 후, '중국은 중국의 전통적인 방식대로 다스리자'라는 정책을 추진했죠. 그런데 만약 아릭 부케가 이겨 중국을 다른 방식으로 다스렸다면 세계사는 완전히 달라질 수도 있었을 겁니다. 몽골 제국 내에선 중국을 목초지로 만들자는 의견을 가진 사람들도 있었거든요.

그러니까 이후의 역사 전개가 칭기즈 칸을 위대한 정복군주의 이미지 또는 그러한 상징으로 만든 게 아닌가 싶기도 합니다.

박현도 ✦✦ 중동에서 몽골의 흔적을 가장 많이 느끼게 하는 부족이 있습니다. 이란에 가면 아프가니스탄에서 도망 나온 하자라족^{Hazaras}이 있는데요. 그들로 말할 것 같으면, 몽골군과 현지인들이 결혼해 낳은 이들의 후손이에요.

'하자라'에 '1000'이라는 뜻이 있는데, 아마도 몽골군의 1천 명 단위로 된 군부대, 즉 밍간(Miggan, 천호千戶)이 주둔했고 바로 거기서 유래하지 않았나 싶어요.

곽민수 ✦✦ 몽골 제국이 남긴 영향력이 세계사적으로 이루 말할 수 없는 게, 앞서 아인 잘루트 전투에 대해 말씀드렸잖습니까. 1260년에 이집트 맘루크군이 몽골군한테 이겼다고 말씀드렸는데, 불과 한 세대가 지난 후 이집트 맘루크 왕조에 다름 아닌 몽골 계통의 술탄이 들어섭니다.

1294년에 술탄에 오른 알 아딜 키트부가$^{Al\text{-}Adil\ Kitbugha}$가 바로 몽골 출신의 맘루크 왕조 술탄입니다. 그는 이슬람권과 몽골의 전쟁으로 이집트에 포로로 잡혀온 인물인 만큼, 그가 술탄이 된 것 역시 몽골에 의한 세계 정복 시도가 낳은 결과라고 할 수 있을 것 같습니다.

정요근 ✦✦ 몽골 제국은 중국을 지배하면서 중국사의 전개에도 큰 영향을 끼쳤습니다.

중국인들은 어떻게 받아들일지 모르겠지만, 사실 지금 베이징이 중국의 수도가 된 게 바로 쿠빌라이 칸이 남송까지 정벌하고 중국 대륙 전체를 통일하면서 옛 금나라의 수도였던 베이징을 원나라의 수도로 삼고 '대도'라고 부르면서부터거든요. 그렇게 베이징은 비로소 중국 대륙 최고의 중심지로 우뚝 설 수 있었던 겁니다.

이후 명나라와 청나라가 원나라를 계승해 베이징을 수도로 삼았고 현대까지 이어지고 있습니다. 보통화, 즉 표준 중국어의 성립에도 몽골의 중국 지배가 큰 영향을 끼쳤다고 합니다.

그러니 중국에선 어떻게 생각할지 모르겠으나, 칭기즈 칸이 세운 몽골 제국이 후대에 끼친 영향은 실로 어마어마하다고 말씀드릴 수 있겠습니다.

800년 만에 풀린
초조대장경 미스터리

허준 ✦✦ 2024년 7월이죠? 800년 미스터리가 마침내 풀렸다며 언론에서 대대적으로 다룬 적이 있습니다.

대구 팔공산 자락의 천년고찰 부인사 옛터에서 우리나라 역사상 최초의 대장경인 고려 시대의 '초조대장경' 봉안 증거가 나왔다고요.

그동안 '초조대장경'을 봉안한 곳이 부인사가 아닐 수 있다는 논란이 많았는데, 1989년부터 시작된 발굴 조사에서 논란에 마침표를 찍을 실물 증거가 마침내 발견된 것이죠.

정요근 ✢✢ '팔만대장경八萬大藏經'이라고 잘 아시죠? 정식 명칭은 '합천 해인사 대장경판陜川 海印寺 大藏經板'으로, 국보로 지정되어 있거니와 2007년에는 세계기록유산으로 지정된 바로 그 유물 말이에요. 고려 시대인 1236년부터 15년에 걸쳐 간행되었는데, 그 전에는 '초조대장경初雕大藏經'이 존재했습니다.

'초조대장경'은 고려 최초이자 우리나라 역사상 최초로 1011년부터 1087년까지 장장 70년이 넘는 기간에 걸쳐 만들었죠. 10세기 초 요나라가 중국의 북쪽을 차지하고 10세기 말부터 고려를 침입하기 시작하는데요, 993년의 제1차 고려-거란 전쟁, 1010년의 제2차 고려-거란 전쟁, 1018년의 제3차 고려-거란 전쟁으로 이어집니다. '초조대장경'은 제2차 고려-거란 전쟁 끝자락에서 제작되기 시작했는데요, 부처의 힘으로 거란의 침입을 막고자 부처의 가르침을 목판에 옮긴 것이었습니다.

'초조대장경'은 거란이 침입해 나주로 피난 갔던 현종이 부처의 힘을 빌어 거란을 물리치고자 맹세하면서 판각이 시작되었죠. 완성된 대장경은 대구 팔공산의 부인사에 보관되었다가

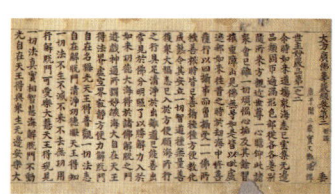

초조대장경 인쇄본.

1232년 몽골군의 침략으로 소실되었어요. 그래서 1236년에 다시 '팔만대장경'을 만들기 시작했던 겁니다.

바로 그 팔만대장경 제작에 관한 주요 기록이 고려 시대를 대표하는 문장가인 이규보의 『동국이상국집東國李相國集』 권25 「대장각판군신기고문大藏刻板君臣祈告文」을 보면 잘 나와 있죠. 그에 따르면, "몽골군이 지나는 곳마다 불상과 불전이 모두 불에 타 부인사에 소장된 대장경 판본도 남지 않았다"라고 기록되어 있는데요. 그런데 이규보가 쓴 부인사의 한자는 '부호 부符'인 반면 기존에 출토된 관련 유물에 새겨진 한자는 '지아비 부夫'였기에 논란이 계속되었습니다.

그러다가 작년 7월의 발굴로 세상에 나온 '명문기와'에 '부호 부符' '어질 인仁' '사찰 사寺'의 세 글자가 선명하게 보인 거죠. 이규보가 기록한 부인사符仁寺의 한자와 정확하게 일치했어요. 그렇게 800년의 미스터리가 풀렸다는 것입니다.

강인욱 ✦✦ 유물 유적을 발굴해 보면요. 한자로 기록되어 있는 것들의 경우 다양한 버전이 있습니다. 우리는 한자가 아닌 한국말을 쓰지 않습니까. 그러면 한국말을 한자로 옮기는 과정에서 획을 약간 다르게 하기도 하죠. 같은 의미인데 음이 같으면 더 좋은 의미로 바꾸기도 하고요. 그런 경우는 비일비재했습니다. 이번 '초조대장경'도 그런 경우 중 하나인 것 같습니다.

정요근 ✧✧ '초조대장경'도 대단하지만 '팔만대장경'이 정말 대단한 게, 대장경이 제작된 1236년부터 1251년까지의 시기는 몽골의 침략이 계속 이어져 고려가 몽골의 공격을 피해 수도를 개경에서 강화도로 옮겼을 때예요. 그 전에 '초조대장경'은 소실되었으니, 부처의 힘을 빌려 난국을 타개하고자 다시 대장경 제조 작업에 착수한 겁니다.

'팔만대장경'은 1251년에 완성되었는데, 당시에는 몽골군의 침략으로 고려의 피해가 극심했어요. 1254년을 예로 들면, 한 해 동안 몽골에 포로로 끌려간 사람만 20만 명이 넘었고 사망자는 이루 헤아릴 수 없었다고 하죠. 그만큼 나라가 유지되기 힘든 상황 속에서도 '팔만대장경'을 제작한 겁니다.

'팔만대장경'의 경판 수는 자그마치 81,258장이고 모두 쌓아 올리면 3천 미터가 넘는다고 하죠. 글자 수는 5천만 자에 이른

합천 해인사 대장경판.
ⓒ해인사

다고 하고요. 5천만 자가 어느 정도냐면 조선 왕조 500년의 역사를 기록한 『조선왕조실록^{朝鮮王朝實錄}』의 전체 글자 수와 비슷합니다.

저는 솔직히 쉽게 이해되진 않습니다. 일종의 정신 승리를 위해 엄청난 공력을 들여 그 어마어마한 '팔만대장경'을 만들었다는 게 말이죠. 어떻게 보면, 몽골 제국은 망했어도 고려는 살아남았지 않습니까. '팔만대장경'의 힘이 작용했던 걸까요? '팔만대장경'을 만들 만큼 생존과 승리에의 간절함이 실제에 투영되어 발현된 결과일까요?

무엇보다도 장기간에 걸친 전쟁의 극한 상황 속에서 인간이 이토록 어마어마한 결과물을 도출했다는 사실 자체만으로도 충분히 의의가 있다고 생각해요.

허준 ✦✦ 그렇다면 '대장경'이라는 게 우리나라에서 최초로 만들어진 건가요? '팔만대장경'의 경우 현존하는 세계 최초의 대장경이라고 알고 있는데 말이죠.

정요근 ✦✦ 대장경이라는 게 불교 경전의 총칭입니다. 중국 송나라 태조가 발원해 971년부터 983년까지 새긴 '개보칙판대장경^{開寶勅版大藏經}'이 세계 최초의 목판 대장경으로 '초조대장경' 제작에 직접적인 영향을 끼쳤죠. 그런데 송나라가 대장경을 만든 걸 보고 요나라가 따라 만듭니다. 거란의 요나라와 송나라는 라이벌이었으니까요. 그리고 다시 금나라가 만들고 고려가 '팔만대장경'을 만듭니다. 업데이트, 리뉴얼을 거듭한 거죠. 이후 대장경은 원나라, 명나라, 청나라에서 계속 만들었어요. 심지어 일본도 만들었고요.

우리나라 역사에선 '팔만대장경'이 최종판이었습니다. 고려시대 이후에는 불교보다 유교가 중요시되었으니 더 이상 대장경을 만들기 위해 나라의 힘을 쏟지 않았어요.

물론 조선 전기인 1457년 세조는 직접 친필 교지를 내려, '팔만대장경'이 모셔진 해인사의 잡역을 없애도록 명했어요. 그리고 '팔만대장경' 50벌을 찍어내는 대규모 사업을 펼쳐 대장경의 내용이 널리 퍼질 수 있도록 했죠.

박현도 ✦✦ 저도 수업할 때 '팔만대장경'을 가르칩니다만, 한국 문화 역사에서 가장 자랑스럽게 생각하는 게 바로 '한글'과 '팔만대장경'이에요. 팔만대장경을 영어로 'Tripitaka Koreana'라고 하죠. 정녕 위대한 유산이자 전 세계 어딜 둘러봐도 찾을 수 없는 최고의 유산입니다.

구독자들의 궁금증
첫 번째

― Question 1 ―

특정 역사적 사건이나 인물에 대한 기록이 상충할 때, 어떤 기준으로 진실에 가깝다고 판단하시나요?

정요근 ✦✦ 특정 역사적 사건이나 인물에 대한 복수의 기록이 서로 다른 내용을 담고 있는 경우, 어떤 자료가 더 정확한 사실을 담고 있는지를 판단하기 위해선 다각적인 검토와 분석이 필요합니다.

일단 다수의 관련 자료가 있을 때는 더 많은 자료에서 공통으로 언급하는 내용이 사실에 가까울 가능성이 큽니다. 하지만 반드시 그런 것만도 아닙니다. 해당 기록의 작성 주체가 특정 사건이나 인물과 어떤 관계에 있었는지, 해당 기록의 작성 시점이 특정 사건의 발생 시점이나 특정 인물의 활동 시점으로부터 얼마나 오래되었는지도 해당 기록의 신빙성을 평가하는 주요한 기준이 됩니다.

또한 특정 사건이나 인물을 서술한 자료가 어떤 관점에서 작성되었는지도 해당 기록의 신뢰성을 판단하는 데 중요한 근거가 되며, 해당 기록이 포함된 자료의 전반적인 신뢰성 역시 기록의 신빙성을 판단하는 근거로 활용될 수 있습니다.

이상의 기준을 바탕으로 최대한의 합리성과 타당성을 갖고 어떤 기록이 더 신빙성이 있느냐를 판단할 수 있습니다. 한편 근래에는 특정 역사적 사실 자체가 하나의 정답만 갖고 있는지에 대한 의문도 다양하게 제기되고 있습니다. 물론 분명한 하나의 정답만 갖고 있는 경우라 할지라도, 해당 사실에 대한 해석과 평가는 복수의 정답이 가능합니다.

이와 같은 해석과 평가의 다양성이 역사학이 갖는 주요한 매력 중의 하나라고 생각합니다.

―― Question 2 ――

고려 시대 무신정권의 대몽 항쟁을 이해하는 데 있어 가장 중요하다고 생각하는 점은 무엇인지요?

정요근 ✦✦ 1170년 무신정변으로 시작된 무신정권은 무신 집정자의 잦은 교체에도 불구하고 1270년까지 100년간 이어졌습니다. 하지만 무신정권에 대한 평가는 그다지 우호적으로 내리기 어렵습니다.

정권 유지에 방해가 될 수 있는 세력에 대한 숙청이 끊임없이 이어졌으며, 권력을 공고히 유지하기 위해서라면 수단과 방법을 가리지 않았습니다. 정권 유지의 정당성을 담은 이념이나 사상이 빈곤했던 만큼, 개혁의 추진이나 민생의 안정보다 권력의 유지에 필요한 물리적 기반 확보에 급급한 모습을 보였습니다.

특히 1231년부터 1259년까지 이어진 대몽 항쟁 기간에 최씨 무신정권은 강화도로 피난 가서 항쟁을 일관되게 이어갔습니다. 몽골의 침략에 굴복하지 않았던 점은 높게 평가할 수도 있겠으나, 그 과정에서 일반 백성의 피해는 이루 말할 수가 없이 컸습니다.

가장 피해가 컸던 1254년의 경우, 전쟁으로 죽은 사람의 숫자는 이루 헤아릴 수 없고 몽골군에 끌려간 사람만 206,800명이었다고 합니다. 무신정권은 강화도에서 근근이 버텼지만, 지방 사회는 사실상 초토화된 상황이었습니다.

장기간에 걸친 전쟁으로 수많은 백성이 터전을 잃고 살상을 당했지만, 최씨 정권은 개의치 않고 강화도에서 권력을 이어 나갔습니다. 전쟁을 끝내기 위한 실질적인 협상은 진정으로 추진하지 않았고, 미봉책과 시간 끌기로 몽골이 전쟁을 포기하기만을 기다렸습니다.

이는 몽골과의 화친이 최씨 정권의 권력 유지에 커다란 장애가 된다고 생각했기 때문입니다. 즉 정권의 유지가 백성의 생명과 안전보다 훨씬 중요했던 셈입니다. 그런 까닭에 최씨 정권이 무너진 후 몽골과의 화친이 이뤄지자, 온 나라 백성이 기뻐했다고 합니다. 예나 지금이나 국민의 생계가 안정되고 안전이 유지되어야 나라와 정부가 존재의 정당성을 얻을 수 있다고 생각합니다.

풀릴 듯 풀리지 않는 미스터리의 정체

지구에서 가장 미스터리한 곳, 버뮤다 삼각지대

허준 ✦✦ 전 세계 수많은 이의 관심을 사로잡는 불가사의 또는 미스터리 중에서도 가장 유명하다고 할 수 있는 게 있죠. 이른바 '버뮤다 삼각지대Bermuda Triangle' 말이에요. 그곳에만 가면 통신이 두절되고 비행기가 추락하는 것도 모자라 쥐도 새도 모르게 사라져버린다고 하니까요. 그게 다 헛소문인가요? 아니면 어느 정도 신빙성 있는 말인가요?

곽민수 ✦✦ 버뮤다 삼각지대의 경우 미스터리와 별개로도 많은 이야기를 담고 있는데요. 북대서양의 서부이자 미국 동해안에서 멀리 떨어져 있는 섬들로 이뤄진 버뮤다를 꼭짓점으로, 미국의 플로리다주와 푸에르토리코를 잇는 삼각형이 버뮤다 삼각지대를 이루고 있죠. 그런데 이들 지역의 정치적 지위를 들여다보면 굉장히 독특합니다.

버뮤다는 영국의 자치 속령 지역이에요. 1500년대 스페인의 탐험가에 의해 발견되고 1600년대 영국의 탐험대에 의해 발견된 후 영국의 속령이 되었죠. 영국 왕이 버뮤다 지사를 임명하고 정치적으로 영향력을 행사하지만 기본 자치권을 갖고 있고요.

푸에르토리코는 이름을 많이 들어보기도 했고 미국 본토에서 멀리 떨어져 있어 독립 국가라고 생각하기 쉽지만, 미국의 속령입니다. 명목상 국가원수는 미국 대통령이나 독자적인 자치 의회와 정부 수반(미국 지사)을 선출하며 사법부를 거느리죠. 버뮤다와 비슷하다고 보면 됩니다. 미국의 51번째 주로 승격하려는 움직임과 독립하려는 움직임이 동시에 벌어지고 있고요.

강인욱 ✢✢ 일찍이 1940년대부터 21세기에 이르기까지 버뮤다 삼각지대에서 실종된 선박과 비행기가 실제로 수없이 많습니다. 특히 1970년대까지 집중적으로 일어났죠. 그럴 수밖에 없는 게, 버뮤다 삼각지대를 통과하지 않으면 미국에서 뜬 비행기가 남쪽으로 갈 수 없어요. 특히 세계의 수도 뉴욕을 대표하는 관문이라 할 만한 존 F. 케네디 국제공항에서 남쪽으로 가려면 반드시

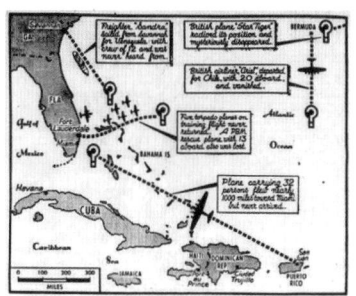

1950년 9월 17일
〈AP 통신〉 기사와 함께
여러 신문에 게재된 지도.

버뮤다 삼각지대를 지나야 한다고 해도 과언이 아닙니다. 해상·항공 교통의 요지로 엄청난 교통량이 밀집해 있는 거죠.

　비슷한 사례로 과거 소련의 항공기 제작사 투폴레프에서 만든 여객기 'Tu-154'의 경우 유독 사고가 많이 났는데요, 일부 선정적인 서방 언론은 제2차 세계대전 당시 조종사 사망률이 높은 전투기에 붙인 별명인 '날아다니는 관짝Flying Coffin'이라는 별명을 다시 붙였을 정도죠. 그런데 들여다보면 기체 자체의 결함 때문이 아닌 Tu-154가 가장 많이 만들어지고 또 가장 많이 운행했기 때문입니다. 물론 기체 노화나 실수에 의한 사고도 있었지만 전체 운항 횟수에 비하면 결코 많은 편은 아니었지요.

　실제로 '구소련 지역에서 가장 많이 만들어지고 또 운행했다는 중대형 여객기'라는 통계치처럼, 전체적으로 보면 가장 안정적인 비행기라고 해도 과언이 아니죠. 저도 유학 시절 Tu-154를 수없이 타고 다녔습니다.

마찬가지로 버뮤다 삼각지대에서 실제로 발견된 미스터리는 없다고 해도 무방합니다. 미스터리가 아니라 통계적으로 버뮤다 삼각지대의 통행량이 터무니없이 많으니 사고가 나지 않을 수 없는 것이죠.

곽민수 ✢✢ 버뮤다 삼각지대를 보면 엄청나게 넓어요. 삼각형을 이루는 한 변의 길이가 1,600km에 달하고 면적은 130만km^2에 달하죠. 그리고 강인욱 교수님께서 말씀하신 것처럼 선박, 비행기 운행이 상상을 초월할 정도로 엄청나게 집중되고요. 그러니 면적이 이 정도로 넓은 곳에서 통행량이 이 정도로 많다면 사고가 나지 않으려야 나지 않을 수 없는 겁니다. 모르긴 몰라도 지구상에서 버뮤다 삼각지대에 버금가는 면적의 다른 지역에서 일어나는 사고의 횟수를 통계 내보면 결코 적지 않을 거예요.

그리고 버뮤다 삼각지대 또는 마의 삼각지대라고 하는 말 자체가 다분히 만들어낸 이름이죠. 1945년 미국 해군 항공대 제19비행단 소속 요격기 1개 편대(5대)가 비행 훈련 중에 실종되었고 그들을 구조하러 갔던 미국 해군의 비행정도 감쪽같이 사라져버렸는데요. 그 사건을 1960년대 〈마이애미 헤럴드〉의 기자가 '마의 삼각지대'라는 별명을 붙여 보도를 냈고 본격적으로 유명해진 겁니다. 이후 그곳에서 발생하는 모든 사건 사고에 '마의 삼각지대'가 연관되어 해석되었던 거죠.

누구도 부정할 수 없는 고귀한 유물의 정체

허준 ✦✦ 전 세계적으로 누구도 부정할 수 없을 만큼 성스럽고 고귀한 유물들이 있지 않습니까. 이른바 성유물聖遺物이라고 하는 것들 말이죠. 이를테면 그리스도교의 성궤, 성배, 롱기누스의 창이 있을 테고 부처의 진신사리도 유명하죠.

그렇다면 이슬람에는 어떤 게 있을까요? 딱 떠오르는 게 없는 것 같아서요, 궁금합니다.

박현도 ✦✦ 튀르키예 이스탄불에 있는 톱카프 궁전Topkapı Sarayı, 지금은 박물관으로 사용하고 있는 그곳에 가면 성유물을 모아

무함마드와 메카 부족의 원로들이
검은 돌을 제자리에 올려놓는 이야기에서
영감을 받은 1315년의 삽화.

놓은 성유물 보관소가 있습니다. '이슬람 세계에서 가장 성스러운 유물들'이라고 불릴 정도인데요. 무함마드의 망토, 칼, 이빨, 턱수염, 자필 편지 등이 고이 보관되어 있죠. 그뿐만 아니라 모세의 지팡이, 요셉의 터번, 다윗의 검 등이 있고요.

사실 역사학자들은 그다지 신뢰하진 않는데, 그것들이 역사적으로 맞든 틀리든 사람들은 이미 '예언자와 관련된 물건'이라고 생각하는 만큼 적어도 가치는 누구도 부인할 수 없습니다.

과학적으로 들여다보는 것도 어려운 게 사실인데요. 예를 들면 사우디아라비아 메카에 있는 이슬람의 제1성지 카바 신전 외벽 동쪽 모서리에 '검은 돌$^{\text{al Hajar al Aswad}}$'이라고 하는 성유물이 있습니다. 비무슬림 학자들은 수천 년 전 운석이 떨어졌고 그때 방출되는 고열로 암석이 녹았다 굳어져 만들어진 광물이라고 주장하는데, 꺼내서 확인해보기 전에는 알 수 없죠. 하지만 사우디아라비아 측에서 절대로 꺼내지 못하게 하니 정체를 정확히 알 수 없는 실정입니다.

이슬람 측에선 이슬람 이전에 인류가 돌을 숭배했던 흔적이라고 하는데, 무함마드^{Muhammad}가 거기에 키스를 했죠. 그래서 두 번째 칼리파 우마르가 같은 곳에 키스를 해요. "해를 끼치지도, 이로움을 주지도 않는다는 걸 알고 있다. 만약 알라의 사도께서 입 맞추는 걸 보지 않았다면, 나도 입 맞추지 않았을 것이다."라고 말했다고 해요. 그렇게 전통으로 굳어진 겁니다.

강인욱 ✦✦ 사실 성유물 대부분이 후대의 창작품이라고 할 수 있겠습니다. 예컨대 성배라든지 이탈리아 토리노 대성당에 보관 중인 토리노의 수의Sindone di Torino, 즉 예수 그리스도의 수의가 있겠는데요. 토리노의 수의는 실제로 말이 안 된다는 게 고고학적 분석으로도 밝혀졌습니다.

19세기에 이탈리아의 사진가가 수의를 촬영했고 수염이 난 남성의 얼굴이 드러났죠. 이후 그 수의가 예수의 몸을 감싼 아마포라는 주장이 제기되었고요. 진위를 놓고 전 세계적으로 격론이 오갔습니다. 결국 과학적으로 방사성 탄소동위 연대측정을 실시한 결과 수의의 옷감이 13, 14세기에 만들어진 직물이라는 사실을 밝혀냈죠.

굳이 방사성 탄소동위 연대측정을 동원하지 않고 상식적 차원에서 생각해도 말이 안 맞습니다. 당시 근동에선 시신을 감싸는 아마포가 널리 쓰였는데요. 스캐너도 아니고 그 아마포에 사람의 모습이 찍혀나올 수 있을지도 의문이고요, 만약 그렇다면

14세기 중반에 제작된,
토리노의 수의를 묘사한 봉헌 메달.

수백 개 아니 수천 개의 비슷한 유물이 나와야 할 겁니다.

성유물을 가장 많이 만들어냈을 때라면 아무래도 중세일 겁니다. 당시 십자군 전쟁으로 기독교도에 의한 이슬람 침공이 한창이었으니, 이교도들한테 기독교를 믿게 해야 하는데 뭐라도 실물이 있어야 하지 않겠습니까. 그래서 억지로 만들죠. 그렇게 나온 것들이 앞서 언급한 토리노의 수의를 비롯해 롱기누스의 창, 성배 등입니다.

박현도 ✢✢ 종교인들이 가장 싫어하는 사람이 누구인지 아시나요? 바로 저 같이 종교사를 공부하고 연구하는 사람들입니다. 우리는 종교의 역사를 '역사적으로' 규명하려 하니까요. 예를 들면, 예수의 탄생 그러니까 크리스마스 같은 건 역사적으로 사실이 아니죠. 그러면 당연히 극렬한 반발을 받기 마련입니다.

해서 종교사 연구자들은 두 가지를 해야 합니다. '실제로 무슨 일이 일어났는가'를 연구하는 건 당연한 거고 '믿는 사람들은 어떤 식으로 믿고 있는가'도 연구해야 합니다. 그게 또 하나의 역사가 되기 때문이죠.

각각 종교 역사학에서 공부하는 영역이고 종교 현상학에서 공부하는 영역인데요. 현상학이라고 하면 그들이 어떻게 '생각' 하느냐가 중요합니다. 물론 그럼에도 종교의 역사적 진위는 가려야 하지 않겠냐고 주장하는 이들과 항상 부딪히죠.

강인욱 ✦✦ 제가 요즘 고고학의 시선으로 종교를 들여다보는 연구를 준비하고 있어 간단히 소개해보자면요. 과연 고고학적으로 종교가 증명이 될까 안 될까 할 때, 저는 고고학자로서 객관적으로 증명해야 하지 않습니까.

예컨대 우리나라에서 18, 19세기에 걸쳐 천주교도인들이 폭발적으로 증가했습니다. 그리고 생각해 보면 아무도 확인하지 않는 무덤에 성경이나 종교 기물을 넣을 수 있지 않겠어요? 2000년대 초반 서울의 북부 지역을 본격 개발하기에 앞서 문화재 발굴이 이뤄졌는데, 은평구 진관동과 중랑구 신내동 일대에서 700여 기에 달하는 조선 시대 공동묘지가 발굴되었죠. 그런데 그곳에서 어떠한 천주교 증거도 나오지 않았어요.

실제로는 천주교가 18, 19세기 우리나라에 널리 퍼져 있었지만 신부님이나 순교자들 몇몇을 제외하곤 서학을 믿은 분들의 흔적이 나오지 않는 겁니다. 고고학적으로 종교의 실체를 증명하기 힘든 케이스인 거죠.

또 제가 요즘 하고 있는 연구 중 하나가 과연 '삼국 시대에 기독교가 전래되었는가'예요. 경교景教라고도 불리는 '네스토리우스파Nestorianism'가 5세기 이후 심하게 탄압받아 유럽 외부로 이동했고 실크로드를 통해 당나라까지 전파되어 공인되기에 이르렀죠. 네스토리우스는 마리아가 예수를 낳았지만 그녀 역시 인간이라고 주장했고, 이단으로 몰려 탄압받고 국외로 추방당했는데요. 그들은 당나라에 이르러 환영받았지만 채 300년도 안 되어 다시 박해받아 중앙아시아와 만주, 몽골 지역으로 피신하기에 이르렀죠. 그 일파는 발해까지 진출했고요.

지난 1956년 경주 불국사에서 십자가 형태의 화강암제 석물이 발견되었는데, 일반적으로 8~9세기 신라에서 제작되었다고 받아들여지고 있으며 당나라로부터 경교가 전래되었다는 걸 뒷받침하는 주요 유물로 거론되고 있습니다. 진짜인지 가짜인지의 논란과 함께 우리나라에서 가장 유명한 절에서 타 종교의 흔적이 나올 수 있는지의 논란도 계속되고 있죠.

그런데 경교의 특징을 이해하면 또 정확하게 들어맞는 게, 경교인의 특징이 철저한 은폐입니다. 심하게 탄압받았으니까요. 그래서 겉으로는 불교 사원을 짓고 부처님을 모시는데, 막상 들여다보면 부처님 한가운데 작은 십자가를 붙여 놓는 식이에요. 그런 면에서 불국사에서 발견된 돌십자가를 보면 '이건 정녕 철저하게 감춰진 종교적 성물이 맞다'라는 생각이 듭니다.

무슨 말이냐 하면, 종교라고 하면 모든 게 열려 있다고 생각하지만 사실 대부분의 종교는 철저히 감춰지고 숨겨져 있어요. 따라서 성물로 보여진다고 해서 또 거대하게 지어졌다고 해서 그대로 이어지진 않는다는 거죠.

스핑크스의 얼굴은 사람인데 몸은 동물인 이유

허준 ✦✦ 고대 이집트의 신들을 보면 하나같이 사람의 몸에 동물의 얼굴을 하고 있더군요. 그런데 왜 스핑크스만 동물의 몸에 사람의 얼굴을 하고 있을까요? 거꾸로인 것 같아 신기합니다.

곽민수 ✦✦ 충분히 그렇게 생각할 여지가 있습니다. 다만 몇 가지 오해들이 중첩되어 있는데요.

　첫 번째로 고대 이집트의 모든 신이 동물의 몸에 사람의 얼굴을 하고 있지 않아요. 보통의 사람 모습으로 표현되는 신들도 있고 반대로 보통의 동물 모습으로 표현되는 신들도 있죠.

다음으로 스핑크스에 대해 말씀드리자면, 고대 그리스인들은 사자 몸에 사람 얼굴을 하고 있는 대상을 부를 때 그 단어를 사용하곤 했는데 이집트에 가보니 비슷한 게 있어 스핑크스라는 이름을 붙인 거죠.

재밌는 게 뭐냐 하면, 고대 그리스에 퀴즈를 내는 스핑크스 있지 않습니까. 그 스핑크스는 아마도 고대 이집트의 스핑크스를 모티브로 만들었을 겁니다. 그러니까 여기저기 막무가내로 섞여 있다고 생각하는 게 맞을 거예요.

그리고 흔히 오해하는 게 하나 더 있습니다. 이집트에 있는 스핑크스가 신이 아니라는 거죠. 물론 가장 유명한, 이집트 스핑크스, 카프레 피라미드pyramid of Khafre 앞을 수호하는 길이 73m에 높이는 20m, 너비는 19m에 달하는 거대 스핑크스는 후대에 이르러 신격화되기도 해요.

스핑크스를 만든 기원전 2500년경의 이집트 고왕국 시절에는 정작 왜 만들었는지 잘 모르는데, 보통의 이집트 스핑크스는 신이 아니라 파라오를 사자의 형태로 표현한 겁니다.

그렇기 때문에 스핑크스는 언제나 파라오의 복식을 하고 있죠. 머리를 봐도 네메스(Nemes, 고대 이집트의 파라오가 착용했던 줄무늬가 들어간 머리장식)를 쓰고 있고요. 몸만 사자로 표현한 거예요. 파라오에게 사자가 지닌 용맹함과 공격성이 있다는 상징물이라고 생각하면 될 겁니다.

멤피스의 스핑크스

하여 대부분의 스핑크스에 파라오 이름이 쓰여 있는 걸 볼 수 있어요. 그렇게 누구의 스핑크스인지 유추하고 판단할 수 있죠. 고대 이집트인들이 파라오 석상을 만들 때는 물론 엄격한 규범에 맞췄지만, 파라오의 외형적 개성을 반영하기도 했습니다.

가끔 파라오 이름이 쓰여 있지 않은 스핑크스가 발견되곤 하는데, 대표적으로 멤피스 유적지 인근의 석고Alabaster로 만든 스핑크스입니다. 길이 8m에 높이 4m로 상당히 크지만, 기자의 대스핑크스Great Sphinx of Giza에 비하면 아담한 규모죠.

비록 비문이 없지만 얼굴에서 드러나는 특징으로 미뤄봤을 때 아멘호테프 2세(Amenhotep II, 고대 이집트 신왕국 제18왕조의 제7대 파라오) 또는 하트셉수트(Hatshepsut, 고대 이집트 신왕국 제18왕조의 제5대 파라오)라고 추정할 수 있어요.

허준 ✦✦ 몰랐던 부분들을 일목요연하게 알려주셔서 감사합니다. 그럼에도 궁금한 게 있는데요, 고대 이집트인들은 스핑크스를 스핑크스라고 부르지 않았던 건가요?

곽민수 ✦✦ 네, 고대 이집트인들은 스핑크스를 '스핑크스'라고 부르지 않았어요. 그렇게 불렀을 수도 있겠지만, 스핑크스라는 이름 자체가 고대 그리스어에서 기인하죠. 실제 어원이 무엇인지에 대해선 논란이 있고요.

누군가는 고대 이집트어 '셉세스-앙크(shepses-ankh, 살아있는 모습)'를 그리스식으로 음차해 스핑크스^{Sphinx}가 되었다고 말하기도 합니다만, 고대 이집트에서 보편적으로 사용했다는 근거는 확인되지 않았어요.

하여 정확히 말하면, 고대 이집트인들이 스핑크스를 뭐라고 불렀는지는 잘 알지 못합니다. 후대의 기록들은 발견되었는데요. 기자의 스핑크스를 태양신과 연관 지어 '호르엠아케르(Horem-akhet, 지평선의 호루스)'라고 부르기도 했지만 그마저도 확실하지 않죠.

사자의 서에 그려진
거대 바퀴벌레의 정체

허준 ✦✦ 고대 이집트 벽화 중에 놀라울 정도로 큰, 그러니까 사람 몸통만 한 바퀴벌레가 떡하니 있더라고요. 합성이 아닌지 의심이 될 정도로 기이하더군요. 애초에 이집트 벽화이긴 한 건지, 바퀴벌레가 맞긴 한 건지 궁금합니다.

곽민수 ✦✦ 고대 이집트 벽화인 만큼 제가 말씀드릴 수 있는 부분이 있을 것 같습니다. 그 소문에는 몇 가지 오해가 섞여 있습니다. 일단 바퀴벌레를 그려 놓은 그 벽화는 벽화가 아닌 파피루스에 그린 삽화입니다. 『사자의 서』라고 하는 고대 이집트 신왕국

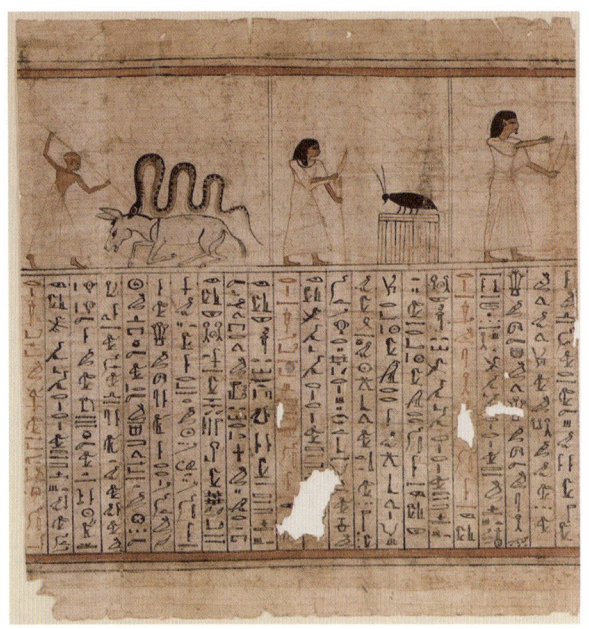

『사자의 서』 36장.

시대에 장례문으로 사용된 문헌이 있는데, 바로 그 문헌의 여러 챕터 중 한 챕터(36장)에 바퀴벌레를 그려 놓은 거죠.

거기에 보면 "그 더러운 입술을 내게서 떨어뜨려라. 나는 신들의 이야기를 내게 전하는 순환의 주인, 크눔신이다"라는 문장이 나오는데요, 다름 아닌 바퀴벌레를 쫓는 주문입니다.

고대 이집트인들은 바퀴벌레류를 'Apshai'라고 부른 한편 쇠똥구리류는 'khepri'라고 불렀죠. 앞엣것은 부정적인 의미, 뒤

엣것은 긍정적인 의미였고요.

그렇다면 왜 'Apshai', 즉 바퀴벌레류를 부정적으로 여겼느냐 하면 제사를 드릴 때 제사상을 차려 놓으면 어느덧 바퀴벌레가 출몰해 먹어요.

그런데 고대 이집트인들한테는 제사야말로 정말 중요했습니다. 사람이 죽은 후 저승과 내세에 가서 부활하기까지 주요 동력이 바로 제사상이니까요. 그 동력이 손상을 받으면 죽은 사람이 부활하지 못할 수도 있어요. 그러니 장례문 『사자의 서』에 바퀴벌레를 쫓는 주문이 나오는 거죠.

고대 이집트인들은 보이는 대로 그림을 그리지 않았습니다. 의미를 담아 그리다 보니, 바퀴벌레를 사람 몸통만 하게 그려 위협적이고 부정적인 존재로 비추게 한 거죠. 그리고 그림을 잘 들여다보면 사람들이 칼을 들고 있거나 창으로 바퀴벌레를 찌르고 있어요. 즉 바퀴벌레를 물리치는 장면을 묘사한 것으로 이해하면 될 것 같습니다.

또 하나 오해되고 있는 부분이 있는데요. 바로 바퀴벌레의 크기에 관한 것입니다. 그림을 보고 고대 이집트의 바퀴벌레는 사람 몸통만큼 컸다고 하며, 심지어 50cm에 달하는 크기였다고 말하곤 하는데요. 정확하지 않은 사실입니다.

앞서 말씀드렸듯 『사자의 서』의 바퀴벌레는 일부러 크게 그려놓은 것이고요. 혹자가 언급한 거대 바퀴벌레는 고대 이집트

보다 훨씬 이전의, 고고학의 영역조차 아득히 뛰어넘는 석탄기石炭紀, Carboniferous period 시대의 화석으로 확인되는 '아프토로블라티나Apthoroblattina'라는 원시 바퀴벌레 속입니다. 자그마치 3억 5920만 년부터 2억 9900만 년 이전으로 여기는 시기죠. 그리고 아프토로블라티나조차 최대 크기가 10cm 정도라고 하고요.

그런가 하면 인터넷에 떠돌아다니는 어떤 자료에서 50mm를 50cm라고 잘못 표기한 게 지속적으로 유통되다가 『사자의 서』의 바퀴벌레 그림과 엮이면서 마치 고대 이집트에 어마어마한 크기의 바퀴벌레가 있었다는 식으로 얘기가 돌았습니다.

풀리지 않는
피라미드 건축 기술의 비밀

허준 ✦✦ 인류 역사상 가장 오래되고 또 미스터리한 건축물 하면 이집트의 피라미드를 빼놓을 수 없을 겁니다. 그만큼 오랫동안 수많은 석학이 피라미드를 연구했다는 말이기도 하고요.

그렇다면 이제는 피라미드 건축 방식에 관련해선 거의 증명이 되었다고 보는 게 맞죠?

곽민수 ✦✦ 결론부터 말씀드리면 이집트 피라미드의 건축 방식에 관련해선 모든 게 다 증명되진 않았습니다. 지금도 여전히 증명하는 과정에 있죠. 고고학적 연구라는 게 거의 항상 데이터가 부

이집트에서 발견된 가장 오래된 파피루스,
「메르에르의 일기」.

족한 상태로 이뤄지고, 그렇기에 고고학자들은 확보된 데이터를 토대로 최대한 합리적인 설명을 만들어내려고 합니다. 물론 새로운 데이터는 계속 확보되고 있고, 그 과정 중 기존 설명에 대한 업데이트도 계속 이뤄지죠.

 예를 들어 고대 이집트 고왕국 시대 피라미드의 경우 관련해 자주 쓰는 표현 중 하나가 "피라미드의 건축 과정을 설명한 문헌 기록이 없다"였는데요, 오래도록 '전혀 없었던 것'이 사실이지만 비교적 최근에 관련 기록이 발견되기 시작했습니다.

지난 2013년에 이집트 홍해 연안의 와디 알 자르프Wadi al-Jarf라는 유적지에서 일지 하나가 발견되었어요. 「메르에르의 일기Papyrus Jarf」라고 명명된 문헌 기록인데요. 이집트에서 발견된 가장 오래된 파피루스죠. 기원전 26세기 고대 이집트 고왕국 시대 제4왕조 제2대 파라오 쿠푸Khufu 때의 기록입니다. 대피라미드의 건설 과정 중 특정 석재, 즉 하얀색 석회암을 운반하던 팀의 팀장격 인물이 기록한 일지죠.

돌을 어디에서 떼어내 어떤 경로를 거쳐 피라미드로 옮겼는지 날짜별로 쓰여 있죠. 이말 인즉슨 대피라미드를 정말로 사람이 만들었다는 명백한 증거예요. 그리고 이 일지에 쓰인 것들이 그동안 학자들이 주장했던 가설과 일치하죠.

학자들은 피라미드의 외장석에 사용한 아주 질 좋은 하얀색 석회암을 대피라미드가 있는 기자에서 동쪽으로 10km쯤 떨어진 투라Tura에서 가져왔다고 추정했는데, 일지를 보면 실제로 외장석에 사용된 이 돌들을 투라에서 가져왔다고 쓰여 있어요.

아무래도 일지를 쓴 사람이 배에서 하는 작업의 전문가다 보니, 아마도 피라미드 건설 작업을 마치고 홍해 연안의 항구로 발령이 났고 작업을 계속했기 때문에 기자에서 아주 멀리 떨어진 그곳에서 피라미드 건축 관련 기록이 발견되지 않았나 추정됩니다.

강인욱 ✦✦ 고대의 건축 기술을 말할 때, 이집트의 피라미드뿐만 아니라 중국의 만리장성長城, 영국의 스톤헨지Stonehenge, 우리나라 고구려의 장군총[禹山下一號墳]도 있을 텐데요. 그때마다 비유를 드는 게 소련의 스푸트니크(Sputnik, 1957년에 발사된 인류 최초의 인공위성)나 미국의 아폴로 11호(APOLLO 11, 1969년 발사되어 인류가 최초로 지구 의외의 천체에 발을 디딘 사건의 당사자)입니다.

엄청난 돈을 투자하면 상상할 수 없는 초기술이 나오지만 유지가 어렵지 않습니까. 그러니 1969년 당시를 생각하면 그 속도로 기술이 발전해 지금쯤이면 달, 화성은 물론이고 금성까지 다녀올 수 있어야 하는데 말이죠. 온갖 음모론이 판을 치는 이유이기도 하고요. 그래서 저는 얼마나 많은 돈을 투자할 수 있느냐 하는 문제가 있을 뿐 기본 기술은 있다고 봅니다.

그리고 재밌는 게 당대 초기술 집단이 고유의 노하우를 얼마나 숨겨 놨나 또는 전달하지 않았나 하는 점도 중요하게 작용하지 않겠습니까. 예컨대 괴베클리 테페Göbekli Tepe에서 후대로 이어지는, 즉 1만 2천 년 전부터 시작해 이어지는 기술들이 비록 중간에 끊어졌을지언정 어떻게든 이어졌을 거라고 봐요.

그런가 하면 앞서 곽민수 소장님이 말씀하신 피라미드 석공에 관해 '프리메이슨(Free and Accepted Masonry, 자유롭고 적법한 석공)' 있지 않습니까. 프리메이슨의 기원으로 여러 설이 존재하는데 그중 하나가 바로 피라미드 석공 기원설도 있죠.

아무튼 프리메이슨은 17, 18세기의 사교 조직이라고 알려져 있을 뿐, 직접적 관련은 없다고 합니다. 프리메이슨이라는 이름을 붙인 것 자체가 기본적으로 석공 또는 청동 기술자들이 특정 국가나 조직에 소속되지 않고 자유롭게 오갔던 고대의 초 엘리트 집단이라는 걸 의미하지요.

그들이 특정한 시간과 공간에서 자본과 이력을 함께 결합했을 때 엄청난 시너지를 일으키며 큰 성과를 냈을 테지만 그렇지 않은 경우도 있었을 테니, 제가 볼 때 초고대 문명 같지 않았을까 생각해 봅니다.

코스타리카 라스 볼라스 미스터리의 전말

허준 ✦✦ 중앙아메리카 코스타리카에 가면 구 형상을 한 돌덩이들이 있지 않습니까. 세계 곳곳에서 돌덩이 유물이 많이 발견되는 와중에 유난히 완벽한 모양의 구 형상을 띠고 있어서, 외계인이 만들었다느니 초고대 문명의 잔재라느니 하는 이야기가 많이 나왔죠. 그런가 하면 언제 무슨 목적으로 이 돌 구체를 만들었는지도 확실하지 않고요.

곽민수 ✦✦ 코스타리카 남부 디키스Diquís에 있는 유적지는 크리스토퍼 콜럼버스Christopher Columbus가 도착하기 이전 족장사회 시대(서기 500~1500년)의 다양한 촌락 구조를 대표하는데요. 그곳에는 다양한 종류의 유물이 존재하지만 그중에서도 사람들에게 경외와 감탄을 불러일으키는 특별한 유물은 허준 MC께서 말씀하신 구 형상의 돌덩이, 스페인어로 '라스 볼라스Las Bolas'라고 부르는 석구죠.

이 석구들은 최대 직경 2.57m에 이르는 거대한 크기로 완벽한 공의 형태를 이룬다는 점, 수백 개에 이른다는 점, 거주지 안에 자리하고 있었다는 점 등으로 굉장히 희귀하다고 할 수 있겠습니다. 하여 2014년 유네스코 세계유산에 등재되었죠.

코스타리카 남부 디키스 삼국주의 유적지에 있는 '라스 볼라스'.

그런데 공의 형태가 완벽하다고 할 수 없어요. 그러니 과장되어 있다고 할 수 있겠습니다. 일련의 석재로 된 것들은 일반적으로 다루기가 굉장히 어려울 거라 생각하는데 현대인들한테는 그렇게 매우 어렵진 않은 게 사실이에요.

물론 예전에는 상당한 노하우가 필요했을 것이고 그에 맞는 굉장히 숙련된 기술자가 필요했겠지만, 불가능할 정도는 아니었을 겁니다.

석재라는 게, 경도가 약한 석재를 경도가 더 강한 석재로 갈면 갈리지 않습니까. 그리고 라스 볼라스가 만들어진 시기는 철기 시대예요. 즉 철제를 사용할 수 있기에 보다 정밀한 작업이 가능했을 테죠. 또한 석재를 정밀하게 가공할 때는 보통 모래를 사용하니 만큼 충분히 정밀한 가공, 즉 완벽에 가까운 구 형태의 모습을 띨 수 있게 작업이 가능했을 겁니다.

그런데 정작 왜 이렇게 완벽에 가까운 구 형태의 돌덩이를, 그것도 수백 개나 거주지 안에 만든 이유를 아무도 몰라요. 추측해보면, 천체를 표현한 거라는 설이 있고 라스 볼라스가 있는 곳이 통치자의 거주지로 향하는 길가라는 설도 있습니다.

하여 통치자가 자신의 권력을 드러내고자 누구도 쉽게 모방할 수 없는 걸 만들었다는 것이죠. 그런데 흔히 그런 목적으로 만든 것들이 쓸데없고 쓸모도 없어요.

허준 ✦✦ 고고학적 측면에서 보면요. 이를테면 굉장히 신비로운 유적이나 유물을 발견했을 때 만든 이유를 추측하길 '나의 정성을 신께 보여드리고 싶다'라는 생각이지 않았을까 싶기도 한데 말이죠.

강인욱 ✦✦ 네, 정확히 짚으셨어요. 남들이 결코 쉽게 모방할 수 없는 기술을 보여주는 용도로 일련의 물건을 만든다는 건 실용

청동기 시대 문화를 대표하는 청동 유물 '정문경'.
ⓒ숭실대학교박물관

적인 이유가 아니라 신성神聖을 독점하겠다는 의도입니다. 일종의 종교적 이유죠.

한반도의 청동기 시대 문화를 대표하는 청동 유물 '정문경(精文鏡, 옛 명칭 '다뉴세문경多鈕細紋鏡')'이 좋은 예라고 할 수 있겠는데요. 청동 거울에 불과하지만, 확대경으로 봐야 할 정도로 세밀한 선이 자그마치 1만 3천 개가 넘게 그려져 있고 선과 선 사이의 간격은 불과 0.3mm에 불과하죠.

그런데 정작 선이 그려져 있는 건 거울의 뒷면이에요. 한눈에 보이지 않는 곳입니다. '신의 뜻이 깃든 이 초미세 기술은 나만 독점한다'라는 이유도 있었을 겁니다.

물론 청동기 시대 때 거울은 신의 뜻을 전하는 제사장의 권력을 상징하는 물건이기 때문에 샤머니즘적 성격이 짙기도 했을 테죠.

바그다드 전지를 둘러싼 논란들

허준 ✦✦ 지금은 바그다드가 여행금지 국가로 지정되어 있는 이라크의 수도라 방문조차 쉽지 않지만, 한때 '평화의 도시'로 불렸고 또 애초에 바그다드의 뜻이 '신의 축복을 받은 도시'이지 않겠습니까. 복잡다단한 역사를 지닌 바로 그 바그다드에서 인류 최초의 배터리가 탄생했다고 하는데, 정말인가요? 그것도 자그마치 2천 년 전에 말이죠.

박현도 ✦✦ 네, 일명 '바그다드 전지Baghdad Battery'라고 알려져 있는데요. 학자마다 의견이 조금씩 갈리긴 하지만, 대체로 파르티

일명 '바그다드 전지'의 구성품들 그림.

아 제국 시기에 만들어졌다고 봅니다. 그러니까 기원전 3세기를 전후한 때죠. 혹자는 그보다 더 이후의 사산조 페르시아 때 만들어졌다고 하는데요. 기원전 3세기부터 기원후 7세기까지를 말합니다.

발견한 건 1936년 바그다드 남쪽의 후주트 라부라는 작은 마을에서였고, 당시 과일즙 성분이 검출되어 처음에는 술 단지로 여겼죠. 그런데 단순히 술 단지로 여기기에는 항아리 중앙에 직경 1cm의 철심이 박혀 있고 철심을 중심으로 구리 테두리가 있었으며 항아리 주둥이에는 타르가 발려 단단하게 밀봉되어 있는 등 구조가 독특해 연구가 이어졌습니다.

하여 당시 이라크 국립 박물관의 독일 지도자 보좌관이자 국장이었던 빌헬름 쾨니히Wilhelm König가 밝혀내 확신하길 이 항아리가 배터리 역할을 한다는 것이었죠. 그렇게 전지의 일종이라는 주장이 제기되어 지금에 이르렀습니다. 물론 전지의 일종이 아닌 단순히 술 단지로 여기는 시각도 없진 않아 여전히 논란이 계속되고 있죠.

문제는 현재 사진만 남아있을 뿐 관련 기록도 부족한 와중에 2003년 미국이 주도한 이라크 침공(2003 invasion of Iraq) 당시 사라져버렸다는 것입니다. 당시 바그다드의 박물관에 있는 유물들이 많이 도난당했죠. 하여 정확하게 어떤 용도로 쓰였는지 알 수 없어요. 제 생각으로는 실제로 전지일 것 같진 않습니다.

허준 ✦✦ 그렇다면 강인욱 교수님께 한 번 여쭤볼게요. 바그다드 전지라고 불리는 이 항아리 말고도 이런 형식으로 된 유물이 발견된 적이 있나요?

강인욱 ✦✦ 별로 없습니다. 그리고 바그다드 전지를 예로 들어, 고고학적으로 봤을 때 정말로 이게 전지가 맞다고 하면 하나만 나올 수가 없어요. 적어도 수백 개가 동시에 발견되어야 하죠. 그래서 저는 이게 전지가 아닌 다른 용도일 것 같습니다.

철심에 구리 테두리가 둘러 있는 걸로 봐서 항아리 주둥이에 뭔가를 꽂았을 수도 있을 것이고요. 우리나라 절터에서 흔히 보이는 당간지주(깃발을 꽂는 돌받침대)와 비슷한 기능을 했을 가능성이 더 크다고 봐요.

고고학의 핵심은 컨텍스트context, 즉 맥락이라고 하죠. 유물이나 유적이 어느 지점에서 발견되었는가가 가장 중요합니다. 예컨대 똑같이 칼을 발견했다고 해도, 생선 뼈가 함께 있는가 아니면 사람 인골이 함께 있는가에 따라 완전히 다른 용도를 추측해볼 수 있는 거죠. 그러니 맥락에 맞게 해설해야 하는데, 바그다드 전지의 경우 매우 한정된 사항만 보고 해석하고 유추한다는 것 자체가 상당히 위험한 게 아닌가 싶습니다.

곽민수 ✦✦ 바그다드 전지의 경우 박현도 교수님께서 말씀하셨듯 실물은 사라졌습니다. 더 이상 찾을 수 없고 행방도 묘연하죠. 그리고 또 1936년에 바그다드 남쪽의 작은 마을에서 발견되었다는 기록만 있을 뿐 정확히 어떤 맥락 위에 있었는지 기록이 없어요. 그야말로 달랑 유물의 기록과 사진만 있는 거예요. 강인욱 교수님께서 말씀하셨듯 이 정도로는 유물의 용도를 제대로 파악할 수 없겠죠.

그런데 이 바그다드 전지라고 불리는 것과 비슷하게 생긴 토기들이 셀레우키아Seleucia라고 하는 사산조 페르시아 시대 유적지에서 발견되었어요. 미시간대학교의 레로이 워터맨Leroy Waterman이 발견했는데, 토기 안에 청동 원통이 들어가 있었죠. 그리고 청동 원통 안에는 비록 분해되어 글씨를 읽을 수 없었지만 파피루스 포장지가 들어 있었고요. 이 사례 말고도 또 다른 비슷한 발견도 있습니다.

하여 바그다드 전지의 경우 전기와 관련되었다기보다 굉장히 귀중한 문서, 이를테면 파피루스를 보관하고자 특수 제작된 용기가 아닐까 하는 해석이 차라리 더 설득력 있지 않나 싶어요.

박현도 ✦✦ 혹자는 바그다드 전지를 전기 도금 장치였다고 말하기도 하고, 또 다른 누구는 종교 의례의 일환으로 사용한 게 아니냐고 말하기도 합니다. 그런데 누구의 주장도 확실한 게 없죠. 실물이 없으니까요.

그런 면에서 보면 이 바그다드 전지가 갖는 파급력이 엄청난 것 같습니다. 실물도 없는 유물 하나가 100년 가까이 수많은 이의 입방아에 오르내리고 있으니까요.

그런데 저는 '바그다드 전지'라는 이름 자체가 별로 마음에 들지 않습니다. 바그다드라는 도시는 762년에 아바스 왕조 제2대 칼리파인 알 만수르$^{al-Manṣūr}$가 만든 도시인데요, 바그다드 전지는 멀게는 기원전 3세기에서 가깝게는 기원후 7세기에 만들어졌다는데 왜 '바그다드'를 붙였는지 이해되지 않아요. 아무리 바그다드 인근에서 발견되었다고 하지만 말이죠. 차라리 '파르티아 전지'라고 했으면 더 좋았겠네요.

구독자들의 궁금증
두 번째

Question 1

조선 건국 과정에서 위화도 회군이 당시 시대적 배경 속에서 어떤 의미를 가진다고 생각하시는지요?

정요근 ✦✦ 오늘날 많은 사람이 1388년 위화도 회군으로 이성계가 사실상 조선 왕조 건국의 기틀을 세웠다고 이해하고 있습니다. 하지만 이는 너무 앞서나간 생각입니다.

위화도 회군 이후 1392년 조선 왕조 건국에 이르는 4년 동안 여러 정치 세력 사이에 치열한 권력 투쟁이 여러 차례 벌어졌습니다. 무엇보다도 위화도 회군은 이성계 혼자 주도한 사건이 아니었으며, 이성계와 함께 요동 정벌군을 이끌었던 조민수와 협력했기에 성공할 수 있었습니다.

게다가 위화도 회군 직후에는 이성계의 위세가 압도적이지도 않았습니다. 권력은 이색과 조민수 세력이 장악했고, 그들이 추대한 창왕이 새로이 즉위했습니다. 조민수는 오래지 않아 숙청되었으나, 이성계 세력은 이색을 중심으로 한 반대 세력과 치열한 권력 투쟁을 벌였습니다.

이색은 어린 창왕을 명나라에 방문하도록 하여 명 태조 주원장의 책봉을 받게 하고자 계획했습니다. 만일 이때 창왕이 명에 들어가 주원장의 책봉을 받았다면, 이색 세력이 국정의 주도권을 완전히 장악하고 이성계 세력은 권력의 중심에서 밀려났을 것입니다. 이성계 세력은 창왕의 명 방문을 막고 창왕의 폐위와 공양왕의 옹립에 성공함으로써, 이색 세력을 몰아내고 권력 기반을 다질 수 있었습니다.

그러나 이후에도 조정에는 여전히 이성계를 견제하는 강력한 반대 세력이 있었습니다. 이성계 세력이 세운 공양왕은 이성계에 우호적이지 않았고 정몽주와 연합하면서 이색 등을 다시 복귀시키고자 했습니다.

이렇듯 권력 투쟁이 끊임없이 이어지자, 이성계 세력은 1391년 하반기 즈음에 역성혁명을 계획하기 시작했다고 여겨집니다. 그리고 이듬해 정몽주를 제거한 후에야 1392년 7월에 조선 왕조를 건국할 수 있었습니다. 그렇다면 조선 건국 프로젝트는 길게 봐도 1년이 채 되지 않는 기간에 진행되었다고 봐야 할 것입니다.

요컨대 위화도 회군 이후에도 이성계 세력은 한동안 압도적인 권력을 확보하지 못했습니다. 민중의 지지를 받았다는 근거도 뚜렷하게 확인되지 않습니다. 다만 위화도 회군 이후 반대 세력과 치열한 권력 투쟁을 벌이는 과정에서, 이성계 세력은 민생 안정과 사회 개혁을 위한 정책들을 꾸준히 추진했습니다. 이는 이성계가 권력 투쟁에서 승리하는 정책적 기반이 되었습니다. 위화도 회군은 이성계 세력이 본격적인 권력 투쟁을 벌일 수 있는 계기가 되었던 사건이긴 했지만, 역성혁명을 달성하는 데 결정적인 전환점이 되었던 사건은 아니었습니다.

따라서 세간에 알려진 바처럼 위화도 회군 직후부터 이성계 세력이 역성혁명을 계획했다고 볼 수는 없습니다. 조선 왕조 건국은 위화도 회군 이후 치열하게 벌어졌던 권력 투쟁 과정에서, 이성계 세력이 권력 투쟁을 종식하고자 추진한 전략적 방안이라고 보는 편이 더 정확합니다. 고려 왕조의 부정부패, 불교의 폐단 등의 이유로 역성혁명이 불가피했다고 보는 관점은 조선 왕조의 건국 이후에 역성혁명의 정당성을 부각하기 위해 만들어진 레토릭이라고 봐야 할 것입니다.

---- **Question 2** ----
고고학자가 되기 위해 가장 중요하다고 생각하는 자질에는 무엇이 있을까요?

강인욱 ✢✢ 무엇보다 학문을 향한 관심과 열정입니다. 고고학은 돈을 많이 번다든가 출세를 할 수 있는 학문은 아닙니다. 하지만 자신만의 세계에 몰두하면서 살 수 있다면 아주 행복한 직업이지요.

그 밖의 요소로는 체력입니다. 과거에는 '삽질'을 많이 해야 했는데 요즘은 많이 기계화되어 거칠게 삽질하는 일은 많이 없는 편입니다. 그럼에도 야외에서 추위와 더위를 견디는 체력은 필수지요.

또한 해외 조사를 나갈 때 의외로 필요한 게 먹는 것, 화장실 안 가리는 체질입니다. 은근히 신경 쓰이는 부분인데 막상 조사를 나가면 다들 어떻게든 잘 적응하는 편입니다.

그리고 여러 가지 자잘한 기술을 쉽게 배우고 임기응변에 능하다면 현장에서 아주 귀하게 쓰일 수 있겠지요.

한마디로 인디애나 존스 같은 모험가보다는 끈기 있게 자신만의 세계를 즐길 수 있는 성격이 제일 중요한 듯합니다.

세계사를 구성한 것들의 중요성

우연히 발견된 국보급 보물들

허준 ✦✦ 지난 2007년에 한국의 도자기 역사를 뒤흔든 대발견이 있었죠. 일명 '주꾸미 보물선'으로 유명한 '태안선'이요.

당시 태안군 대섬 앞바다에서 한 어민이 청자를 안고 있는 주꾸미를 건져 올리면서 본격적인 수중 발굴에 들어갔고, 조사 결과 약 2만 5천 점의 도자기를 실은 12세기 청자 운반선으로 확인이 되었습니다.

그렇다면 이 주꾸미 보물선처럼 우연히 발견된 국보급 보물들이 또 있을까요? 재밌을 것 같습니다.

정요근 ✦✦ 저는 당시 태안선 발굴을 보고 '올 게 왔구나' 싶었습니다. 그곳이 태안반도 끝의 안흥량安興梁인데요, 암초가 많아요. 그래서 그곳을 난행량難行梁이라고도 부릅니다. 난행難行, 통행이 어려운 곳이라는 뜻이죠. 예전에는 조세로 징수한 미곡·면포 등을 해상으로 운송하는 해로 중에서 가장 힘난한 곳이었어요. 삼남지방三南地方의 세곡稅穀을 개경이나 한양으로 운송하려면 반드시 안흥량을 통과해야 했는데, 암초가 많아 수로가 험난하니 난파 사고가 잦았던 겁니다, 국가적 문제였죠.『조선왕조실록』에 어떤 기록까지 있냐면, 조운선이 난파되었다고 거짓말하고 세곡을 전부 들고 도망가버린 경우도 있었어요.

그런 까닭에 안흥량에서의 선박 침몰을 막고자 고려 중엽부터 조선 후기까지 수백 년간 운하 굴착 사업을 여러 차례 시도해요. 하지만 번번이 실패하죠. 17세기 중반에야 비로소 안면 반도의 초입부를 끊어 섬 안면도를 만들어 물길을 뚫었지요. 하지만 이 운하를 통과한다 해도 반드시 안흥량을 지나가야 했어요.

강인욱 ✦✦ 제가 생각하기에 우연히 발견되는 유물, 유적이 대부분입니다. 실제로 진짜 중요한 유물은 모두 다 우연히 발견되죠. 어디에 무엇이 있다는 걸 안다는 건 이전에 이미 다 도굴되었다는 뜻이기 때문이에요.

예컨대 금관총 있지 않습니까. 유네스코 세계유산에 등극한 경주역사유적지구의 대한민국 사적 제512호 경주 대릉원에 있는 대형 고분 말이죠. 그곳에서 유물 4만여 점이 출토되었는데, 금관총 금관 및 금제 관식이 국보 제87호이고 금관총 금제 허리띠가 국보 제88호예요.

그런데 일찍이 일제강점기였던 1921년에 발굴했습니다. 당시 한 주막이 증축 공사를 하다가 무덤을 건드려 구슬들이 밖으로 나와 굴러다닌 거죠. 아이들이 흙장난을 하다가 구슬들이 나오니까 신기해하면서 구슬을 갖고 놀았어요. 지나가던 사람이 우연히 그 모습을 보곤 '이거 유물이 확실하다' 싶어 당국에 알렸고 이후 대대적으로 조사를 시작한 겁니다. 신라 황금 문화의 발굴이 다름 아닌 아이들의 구슬치기에서 시작된 거죠.

그런가 하면 국보 유물이 골동품상에게 팔릴 뻔한 적도 있습니다. 1971년 일인데요, 전남 화순군 도곡면 대곡리에서 평범한 주민이 집 빗물 배수로 작업을 하느라 땅을 팠다가 옛날 금속 물품을 발견해요. 당연히 아무것도 모르니 얼마간 보관하고 있다가 마침 동네를 방문한 친척을 통해 골동품상에 팔려고 한 적도 있었습니다. 다행히 뒤늦게 가치를 알고 도청에 유물을 신고했고 도청은 문화재관리국에 전달했습니다. 몇 개월 후 학예사가 귀중한 유물이라는 걸 직감하고 보고를 올렸어요. 하도 극적이라 한동안 '엿장수에게 팔린 뻔했다'는 이야기가 돌 정도였지요.

이후 문화재연구소에서 연구사를 현장에 긴급 파견했고, 결

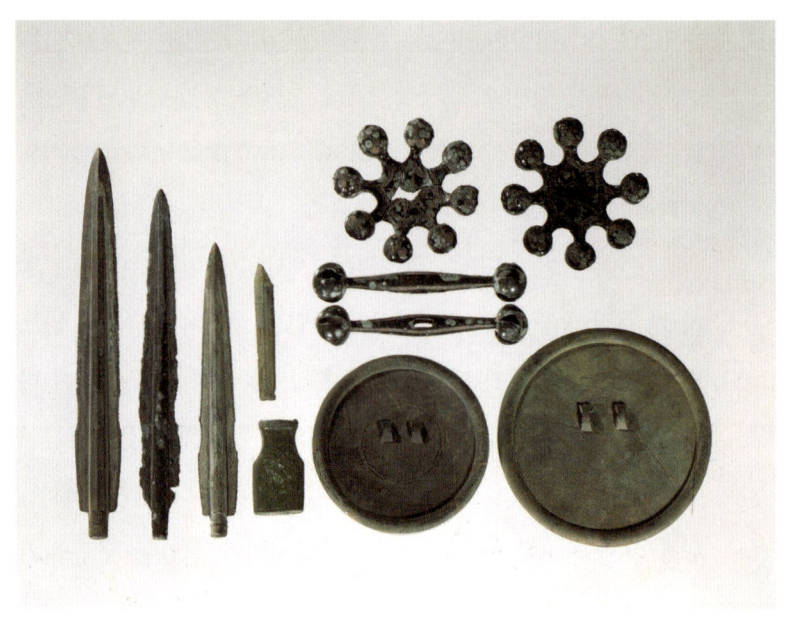

화순 대곡리 청동기 일괄.
ⓒ국립중앙박물관

국 여섯 종류 열한 점의 청동기 시대 유물이 발굴되었습니다. 일괄로 묶어 국보 제143호로 지정되었고요. 사료적 가치가 이루 말할 수 없을 정도로, 가히 우리나라 최고의 유물이라고 할 수 있겠습니다.

문제는 발굴된 것보다 훨씬 더 많은 유물이 그저 고철로 사라졌을 가능성이 높다는 겁니다. 중국의 대약진 운동(중화인민공화국에서 마오쩌둥의 주도로 1958년부터 1962년까지 부강한 사회주의 국가

건설을 목적으로 실시한 경제·사회 개발 운동) 때가 대표적인데요. 대약진 운동의 일환으로 '전통적 기술로 만든 작은 괴철로에서 농민들이 강철을 직접 생산하자'라는 명목의 토법고로土法高爐가 시행되었고 중국 전역의 청동기 물품이 사라졌죠. 당연히 수많은 보물이 다른 금속 제품으로 재탄생했고요.

박현도 ✦✦ 중동에서도 굉장히 중요한 유적이 우연히 발견된 사례가 있습니다. 1947년 사해死海 인근에서 한 베두인 소년 목동이 염소를 치다가 한 마리를 잃어버려요. 염소를 찾으려 헤매다가 동굴 안에 있는 줄 알고 돌멩이를 던졌는데 항아리 깨지는 소리가 난 거죠. 동굴로 들어가 보니 깨진 항아리 안에 면으로 싸여 있는 양피지 두루마리가 있는 겁니다.

히브리어를 읽을 줄 몰랐던 목동은 골동품상들에게 싼값에 넘기고 맙니다. 30달러 정도였다고 하는데, 지금으로 환산하면 300달러 정도겠네요. 최종적으로 유명한 성서학자인 히브리대학교 고고학과장 E. L. 수케닉E. L. Sukenik 교수가 매수해요. 이후 주변 지역을 탐사하고 발굴을 진행해 총 열한 개 동굴에서 100개 이상의 문서를 발견합니다.

그게 바로 그 유명한 사해문서死海文書, Dead Sea Scrolls예요. 대략 기원전 2세기에서 기원후 1세기 사이에 기록했다고 추정되는 히브리어 구약성서 사본이죠. 현존하는 구약성서 사본 중 가장 오래된 만큼 그 가치는 이루 말할 나위가 없을 정도입니다. 2022년에 미국복음연합에서 "사해사본이 현대의 가장 위대한 고고학적 발견이라는 평가는 여전히 유효하다"라고 언급했을 정도로요.

곽민수 ✦✦ 이집트에선 상당히 예전부터, 그러니까 19세기 중반부터 도굴품들의 암시장이 활발하게 운영되고 있었습니다. 당시 연구자들은 암시장에 관심을 기울이기도 했는데, 그 과정에서 중요한 유물들을 입수한 경우도 많았죠.

그중에서 흥미로운 사례를 하나 소개해 드리자면요. 1881년 이집트 고문물관리국의 최고 책임자는 가스통 마스페로Gaston Maspero라는 프랑스인이었고 에밀 브루그쉬Émile Brugsch라는 프로이센 출신의 이집트 학자가 그를 보좌하고 있었습니다.

브루그쉬는 룩소르 지역의 암시장에서 굉장히 귀한 유물, 그러니까 왕실에서 사용되었을 법한 유물들이 거래되고 있다는 걸 확인하죠. 누구한테서 나온 걸까 확인하려니 금세 숨어버리는 겁니다.

비밀 작전을 펼칩니다. 찰스 에드윈 윌버Charles Edwin Wilbour라는 미국의 사업가이자 이집트 학자를 밀정으로 투입해요. 확인된 귀한 유물을 비싼 값에 사들이고 싶어 하는 서양의 부자라고 속여 암시장에 투입한 거죠. 그는 암시장에 드나들며 사람들

왕실 은닉처 입구에서 촬영한 사진.
앉아 있는 사람이 가스통 마스페로, 가운데가 에밀 브루그쉬,
밧줄을 잡고 있는 사람이 모하메드 압둘 라술이다.

과 라포를 쌓아 정보를 입수해요.

그렇게 파악해보니 이 유물의 출처는 압둘 라술^{Abd-er-Rasoul} 가문이었습니다. 이들로 말할 것 같으면 대대로 형제가 집단으로 도굴하는, 엄청나게 유명한 도굴꾼 가문이에요. 그들은 이어지는 심문과 고문 끝에 유물의 입수 경로를 밝혔습니다.

기르던 염소 한 마리가 우연히 어떤 갱도에 빠졌고, 그 갱도를 내려가보니 무덤이 있었다고 했죠. 그 유물들이 상당히 귀한 것들이었던 겁니다. 그렇게 약탈한 유물을 암시장에서 팔았던 거고요.

오늘날 이집트에 가보면 진귀한 경험을 하실 수 있을 건데요. 고대 이집트 신왕국 시대의 파라오들 얼굴을 직접 다 보실 수 있습니다. 신왕국 시대의 거의 모든 파라오 미라가 발견되었거든요. 그런데 말이죠, 이집트의 왕묘는 대부분 도굴당했는데 그 미라들은 어디서 어떻게 나올 수 있었을까요.

신왕국 시대 말엽이 되면 이미 거의 다 도굴되고 있었는데 말입니다. 그때 왕실에서 판단하길, 조상들 시신만이라도 잘 보존하자고 하여 무덤에서 시신을 전부 꺼내 단장을 다시 해 은닉처에 숨깁니다. 오늘날 '왕실 은닉처$^{Royal\ Cache}$'라고 부르죠. 'TT320'이라고도 부르고요. 1881년에 압둘 라술 가문이 발견한 곳이 바로 이 왕실 은닉처였습니다.

강인욱 ✦✦ 미라와 관련해 황당하기 이를 데 없는 사건이 10년 전에 일어났습니다. 2015년 일인데요.

네덜란드 드렌츠 박물관에 보관되었던 900년 정도 된 불상이 컴퓨터단층^{CT}으로 촬영한 결과 가부좌를 한 상태에서 수행하다가 열반에 든 등신불(等身佛, 승려의 시신을 넣어 만든 불상)이었던 걸로 밝혀진 거죠. 불상 밑바닥에서 의복 조각이 삐죽 나와 있어 혹시나 하는 마음에 CT를 찍어보니 그 안에 실제 사람의 흔적이 고스란히 보였다는 겁니다.

등신불을 하려면 가부좌를 한 채로 계속 식물성 기름만 먹어야 해요. 몸 안의 모든 세포와 바이러스의 증식을 억제해 살아있는 그대로 미라가 되어버리는 기죠. 살아서 죽음의 고통을 오롯이 다 겪어야 하는 겁니다. 이루 말할 수 없는 공력이에요.

그런데 중국에서 난리가 납니다. 중국 푸젠성 다톈현 양춘촌의 린씨 종가 사당에 모셔져 천년 넘게 지역 주민들이 제사를 지내는 등 숭배를 해 온 도교 진인 '장공조사章公祖師'의 등신불이 1995년 10월에 갑자기 사라졌다는 거예요.

바로 그 등신불이 20년이 지나 네덜란드의 박물관에 떡하니 나타난 거였죠. 이 불상은 헝가리의 수집가를 거쳐 네덜란드로 밀반출되었다는 게 밝혀졌고요. 중국에서 법적 절차까지 불사하는 등 강력히 반환을 요구했지만, 네덜란드 법원은 여러 이유를 들어 반환을 거부해 현재까지도 네덜란드에 있습니다.

정요근 ✦✦ 백제 금속 공예 최고의 걸작, 나아가 한국 고대 시기 최고의 예술품이라고 일컫는 국보 '백제금동대향로百濟金銅大香爐'도 굉장한 우연으로 발견되었죠. 유네스코 세계유산 '백제역사유적지구'의 하나인 부여 왕릉원을 방문하는 관광객들을 위해

백제금동대향로가 발견된 최초의 모습.

1993년에 주차장 공사를 실시합니다. 그 과정에서 논을 갈아엎고 주차장 터를 파는데, 진흙 웅덩이 속에서 금동으로 된 향로가 발견된 게 아니겠습니까. 향로 주변에 섬유 조각이 함께 발견되었는데, 아마도 그 섬유 조각이 향로를 감싸고 있던 게 아닌가 추정되었어요.

이후 조사해보니 향로가 나온 곳은 백제 왕실을 위한 사찰의 공방지였는데요. 학자들은 나당연합군의 공격으로 백제 멸망이 임박하자 금동대향로를 그곳에 황급히 숨겼다고 추정합니다.

우연히 발견되지 않았다면, 그야말로 대한민국 역사상 최고의 명품 국보 중 하나가 여전히 땅속 어딘가에 처박혀 있거나 언젠가 발견되더라도 온전하지 못한 형태였을 거라고 생각합니다. 우연치곤 정말 대단한 우연이죠.

유물의 값어치를
알아보는 법

허준 ✦✦ 국내 뉴스나 해외 토픽에서 가끔 황당한 루트로 유물이 발견되는 경우가 있지 않습니까?

할아버지가 남겨주신 뭔가가 사실 엄청난 유물이었다든가, 길에서 아무 생각 없이 싼값에 주고 산 골동품이 수억 원을 호가하는 유물이었다든가 말이죠.

교수님들은 별 게 아닌 옛날 물품을 보고 굉장히 의미 있는 유물이라는 걸 알아채실 수 있지 않나요? 유물의 값어치를 알아보실 수 있지 않습니까.

강인욱 ✦✦ 제가 2007년부터 2012년까지 러시아 프리모르스키 크라이, 즉 연해주의 크라스키노Kraskino에서 발해 유적을 발굴했었습니다. 안중근 의사가 단지동맹斷指同盟을 결성한 곳이기도 하지요. 아주 유명한 저습지로 땅을 조금만 파면 물이 차오르기도 해요.

그때 저는 꿈이 하나 있었는데, 발해 유적지에서 목간(木簡, 나무나 죽간에 문자를 적은 것으로 물품꼬리표나 간단한 말을 전하는 용도)을 발견하는 거예요. 우연이 작용하지 않을 수 없는데 만약 발견한다면 알아볼 수 있을 겁니다.

발해 토기를 보면 마치 상표처럼 한자가 찍혀 있는데 사실 한자가 아니라 이두(吏讀, 한글 창제 이전 한국어를 표기하고자 고안·사용한 문자 표기 체계로, 한자의 음훈을 활용해 한국어를 표기한다)예요. 발해의 토기에는 한자나 이두 비슷한 부호가 250개 정도 발견되었지만, 정작 토기에 찍혀 있는 건 글자 한두 개뿐이라 실체는 모릅니다. 목간에 여러 글자가 함께 발견되면 실체가 밝혀지겠지요.

비록 저는 해석하지 못하지만 목간을 하나 발견해 '강인욱 목간'이라고 명명하면 얼마나 좋겠습니까. 그게 제 꿈이었어요, 강인욱 목간. 그땐 매일같이 기대하며 '오늘은 꼭 목간 하나 나와주면 좋겠다' 싶었죠. 그런데 토기편에 그려진 한자 몇 개 찾은 것 이외에는 별다른 걸 찾을 수 없었습니다.

정요근 ✦✦ '주꾸미 보물선'으로 유명한 태안선에서 청자가 다수 발견되었어요. 무려 23,757점이나 출수되었죠. 그밖에도 도기, 백자, 철제 솥, 인골 등이 함께 발견되었는데요. 그중에는 목간도 있었습니다. 목간은 물품꼬리표로서 '이건 누구네 집의 누구한테 가는 물품이다'라는 식의 메모가 적혀 있었어요.

태안선의 청자들은 고려의 수도인 개경의 지체 높은 관리들에게 보내는 것들이 많았어요. 다름 아닌 목간으로 그 사실을 알게 되었습니다.

박현도 ✦✦ 시리아와 요르단 사이에 큰 사막이 있습니다, 시리아 사막인데요. 거기에 글자가 쓰여 있는 돌들이 지천으로 깔려 있죠. 그런데 아무도 관심이 없었습니다. 그러던 중 10여 년 전부터 미국 오하이오주립대학교의 아흐마드 잘라드라는 젊은 학자가 해독하기 시작했죠. 아랍어가 모국어인 게 조금은 도움이 되었을 텐데요, 어마어마한 결과를 도출합니다.

'알라^{Allah}'라는 말이 '알^{Al}'과 '일라^{Ilah}'가 합쳐진 말이냐 혹은 '알라'와 '알일라'가 따로 있어 알라가 알일라의 축약형으로 볼 수 있냐는 게 관건이었죠.

아흐마드 잘라드가 발굴한 사료를 보면, 알라 이슬람 이전부터 아랍인들이 숭배한 최고 신을 가리키는 용어인 알일라의 약칭이라고 말할 수 있죠.

그리고 아랍어에서 가장 어려운 게 뭐냐 하면, 『꾸란』에서 예수^{Jesus}는 히브리어 예슈아^{Yeshua}나 예호슈아^{Yehoshua}에서 나와 그리스어 이에수스^{Ιησοῦς}를 거쳐 라틴어 예수스^{Iesus}가 됩니다. 그리고 지금의 예수가 되었어요. 이름들이 다 비슷하죠? 그런데 아랍어만 달라요. 아랍어로는 이사^{Issa}라고 해요. 그러니 도무지 맞춰지지 않는 겁니다. 별의별 이야기들이 많을 수밖에요.

그런데 아흐마드 잘라드가 시리아 사막의 돌에 적힌 글자들을 해석하니 '이사'가 있지 않겠어요? 그래서 가장 최신 업데이트된 추측은 '예수'라는 이름이 아랍에 처음 들어왔을 때 아랍 크리스천들이 기존 아랍어 중 '구원자'라는 뜻을 가진 '이사'를 발음하기도 편하고 익숙하기도 하니 그냥 가져다 썼다는 거죠.

그야말로 별것도 아닌 돌이지만 한 젊은 학자가 그 값어치를 알아보고 갖은 노력 끝에 증명해내니 어마어마한 발견으로 이어진 게 아니겠습니까. 고고학자를 존경하지 않을 수 없지요.

본 적도 없는 위인의 초상화를 어떻게 만들까

허준 ✦✦ 몇백 년, 몇천 년 전의 위인들 초상화를 가끔 보는데요. 당연히 당사자를 직접 보고 그림으로 옮기는 게 맞을 텐데 그러지 않은 경우도 있다고 들었습니다. 이를테면 조선 왕의 초상화들은 태반이 전쟁 등으로 소실되어 나중에 그린 것들도 많다던데 말이죠. 본 적도 없는 위인의 초상화를 어떻게 만들 수 있었을까요?

정요근 ✦✦ 본 적도 없는 위인의 초상화를 만든 대표적 사례가 정부표준영정政府標準影幀입니다. 한국사 역대 위인들의 용모를 표준으로 지정한 초상화를 가리키는 용어죠. 그런데 표준영정에 그려진 위인이 당사자의 실제 모습이라고 보긴 어렵습니다.

표준영정은 1973년에 대통령과 총리의 지시로 그려지기 시작했습니다. 당시 박정희 정부에서 국가적 위인의 현창 사업을 많이 했어요. 표준영정 제1호의 인물은 바로 충무공 이순신입니다. 1973년 장우성 화백이 이순신 장군의 영정을 그려 충청남도 아산의 현충사에 봉안하며 표준영정 제1호가 탄생한 거죠.

그 이전에도 이순신 영정이 여러 개 있었는데, 이순신의 모습이 모두 달랐어요. 그래서 하나로 통일하자고 하여 당대 최고의 동양 화가들로 하여금 영정을 그리게 했습니다. 이를테면 김은호, 김기창, 장우성 화백이 많이 그렸죠. 다만 표준영정이 실제 모습일 수 없다는 점에서 한계가 있습니다. 아무리 최고의 동양 화가들이 다양한 근거를 반영해 그렸다고 해도, 본 적도 없거니와 전해지지도 않는 얼굴을 그려 국가가 공인하는 표준영정으로 삼았다는 것 자체가 문제일 수 있겠습니다.

현재 총 100점의 표준영정이 제정되어 있는데 몇백 년 전 혹은 천 몇백 년 전 사람의 얼굴을 어떻게 알 수 있겠습니까. 물론 기록에 남아있는 생김새를 참고하고 후손들의 생김새를 참고해 그렸다고 해도, 화가 본인의 판단이 많이 개입될 수밖에 없겠죠.

그리고 또 논란이 되는 부분이 표준영정을 그린 주요 화가들 중에 친일반민족행위자가 많다는 겁니다. 앞서 언급한 김은호,

김기창, 장우성 화백 모두 『친일인명사전』에 수록된 인물들로, 명백한 친일반민족행위자예요. 이른바 국가를 대표할 만한, 역사에 길이 남을 위인의 표준영정을 국가와 민족을 배반한 자들이 그렸다는 게 타당하냐는 거죠.

그러니 해당 영정들을 제외하거나 새롭게 그려 바꿔야 하는데, 한번 정해진 걸 바꾸는 게 쉽진 않습니다. 그럼에도 화풍 같은 문제가 아니라 당사자의 생김새와 가장 비슷하게끔 작업하는 게 중요하기에 새롭게 노력해보는 것도 좋다고 생각합니다.

이를테면 유관순 영정의 경우 형무소 복역 중 고문을 받아 부은 얼굴을 그렸다고 하여 문제가 제기되면서 제15호 표준영정(장우성, 1978년) 지정에서 해제된 후, 윤여환 교수가 다시 그려 새롭게 2007년에 제78호 표준영정으로 지정되었죠.

강인욱 ✦✦ 후손의 DNA로 당사자의 실제 외모를 꽤 근접하게 복원해낼 수 있을 것 같습니다. 강아지의 경우 DNA로 실제와 꽤 비슷하게 복원할 수 있다고 하는데요. 사람도 데이터가 계속 쌓이면 언젠가 그럴 수 있을 거라고 생각해요. 이젠 DNA로 병도 예측할 수 있지 않습니까. AI의 기능을 그런 식으로 발현할 수 있을 테니 허구의 초상화 문제도 어느 정도 해결될 수 있지 않을까요. 과거 조상이나 인물들의 외모를 복원해내는 게 결코 허황된 이야기는 아닐 겁니다.

곽민수 ✦✦ 본 적도 없는 사람의 초상화를 어떻게 만들까 하는 측면에서 고대 이집트는 굉장히 유리한 측면이 있습니다. 고대 이집트 파라오들의 미라가 있으니까요. 예를 들어 고대 이집트 신왕국 제19왕조 제3대 파라오 람세스 2세$^{Ramesses\,II}$, 자그마치 기원전 1200년대 사람인데 지금 똑같이 그릴 수 있죠. 시신이 그대로 남아있고 당연히 얼굴이 있으니까요.

설령 시신이 없다고 해도 파라오들의 얼굴 석상이 엄청나게

람세스 2세의 미라.

많아요. 그 석상들이 물론 표준화된 방식으로 표현했지만 실제 인물의 개성을 반영했죠. 학자들은 석상만 보고도, 즉 얼굴 생김새만 봐도 대충이나마 어떤 파라오인지 짐작할 수 있을 정도예요. 그러니 석상만으로도 충분히 초상화를 만들 수 있는 겁니다.

한편 고대 이집트 신왕국 제18왕조의 12대 파라오 투탕카멘Tutankhamun의 경우 원래 굉장히 연약하거니와 예쁘장한 소년 같은 이미지였어요. 그런 투탕카멘을 법의학자들이 시신을 바탕으로 복원해보니 미남이라고 말하기 어려운 모습이었고, 약간의 장애도 갖고 있었던 거라 여겨져 많은 사람이 실망했었죠.

박현도 ✦✦ 2001년에 영국 BBC가 〈신의 아들〉이라는 다큐멘터리를 제작했어요. 그 작품에서 영국 법의학자이자 인류학자인 전 맨체스터대학교 교수 리처드 니브Richard Neave가 이스라엘 갈릴리 호수 주변에서 발굴한 세 개의 셈족 두개골을 토대로 컴퓨터단층촬영과 디지털 3D 기법을 통해 예수 얼굴의 골격을 재현했죠.

그동안 수없이 봐온 긴 갈색 머리의 백인 예수 모습과는 전혀 다른, 담갈색 눈에 수염 그리고 짧은 곱슬머리와 까무잡잡한 피부를 지녔어요. 또한 예수의 키는 1.5m 정도이고 몸무게는 50kg 정도일 것이었다고 추정했죠. 상당한 논란이 되었던 건 당연할 겁니다.

물론 이스라엘 갈릴리 호수 주변에서 발굴한 세 개의 셈족 두개골을 토대로 복원한 것이니 예수가 아니라 예수가 살았던 시기의 누군가일 겁니다. 현재까지 예수로 추정되는 유골이 발견되었다는 보고는 없으니까 말이죠.

그럼에도 과거 수많은 거장이 그린 작품 속 예수보다 훨씬 더 실제에 가깝다고 할 수 있겠습니다.

이집트의 주요 수입원, 수에즈 운하

허준 ✦✦ 지난 2023년 이집트의 수에즈 운하가 사상 최고의 수입을 기록했다는 소식을 들었습니다. 그러던 것이 2023년 하반기에 '이스라엘-하마스 전쟁' 여파로 '홍해 위기'가 시작되었고 수에즈 운하의 수입이 급감했다고 하죠.

수에즈 운하가 한때 이집트 국가 총수입의 10%를 넘었을 정도였다는데 통행료가 얼마이길래요?

박현도 ✦✦ 보통의 상선은 5만 달러에서 20만 달러 사이, 화물의 경우 20만 달러에서 50만 달러 사이라고 알고 있습니다. 수에즈 운하Suez Canal가 대단하긴 해요. 덕분에 저 멀리 남아프리카의 희망봉까지 돌아가지 않아도 되니까요. 최대 9천 km까지 단축된 거죠.

홍해의 경우 이집트의 젖줄, 즉 가장 큰 수입원인데 허준 MC께서 말씀하신 대로 2023년 하반기부터 막혀버렸어요. 후티 반군이 홍해 부근에서 미국과 이스라엘 국적의 선박들을 공격하며 피랍을 시도했고 세계 주요 해운사들이 홍해 해역 이용 임시 중단을 선언했죠. 이집트로선 국가 재정이 휘청일 정도로 큰 경제적 타격을 입었습니다.

그렇다고 이집트가 후티 반군을 강력하게 비난하거나 막으

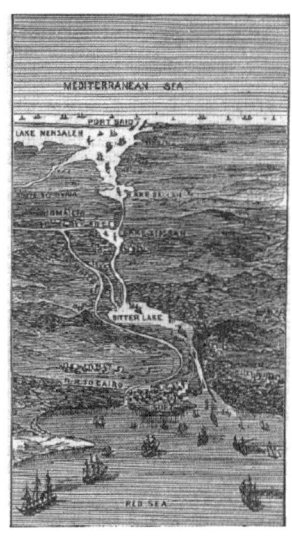

1881년에 그린 수에즈 운하.

려고 하진 않습니다. 이집트 입장에서 이스라엘과 평화 협정을 맺었으니 당연히 이스라엘을 적대시하진 않지만, 그렇다고 팔레스타인 문제를 모른 척할 수 없으니 팔레스타인을 지원하는 명목으로 활동하는 후티 반군을 적대시할 수도 없는 노릇이죠.

곽민수 ✦✦ 이집트 본토와 시나이반도$^{Sinai\ Peninsula}$를, 그러니까 지중해와 홍해를 연결하고자 하는 노력은 고대 이집트 때도 있었습니다. 지금까지 확인된 가장 이른 시기는 기원전 1890년경, 고대 이집트 중왕국 제12왕조 5대 파라오 세누스레트 3세$^{Senusret\ III}$ 때였는데 성공했던 걸로 보입니다. 운하를 뚫었을 정도로요.

다만 지금처럼 지중해 쪽의 포트사이드에서 수에즈만의 수에즈까지 직선으로 뚫는 게 아니라, 중간에 있는 그레이트비터호$^{Great\ Bitter\ Lake}$와 나일강의 하류 중 가장 동쪽의 지류를 연결하는 시도였습니다.

그런데 운하라는 게 그대로 유지되기가 매우 어려워요. 건설하는 것보다 관리가 더 중요하다고 할 수 있을 정도죠. 그래서 만들고 나서 소실되기도 했고, 신왕국 시대 제18왕조 제5대 파라오 하트셉수트와 제19왕조 제3대 파라오 람세스 2세가 다시 시도했지만 실패하고 맙니다.

시간이 한참 흘러 이집트가 페르시아 제국의 지배를 받았을 때, 기원전 6세기 아케메네스 왕조 페르시아의 제3대 황제 다리우스 1세$^{Darius\ I}$가 완벽하게 성공해 원활하게 운용되었죠. 그러고 나서도 관리가 잘 안 되다가 프톨레마이오스 왕조 시대 때 재정비 후 재개통했어요. 로마 제국 시기를 거쳐 정통 칼리파 시기까지 막혔다가 재정비 후 재개통하는 과정이 반복됩니다.

이후 완전히 막혔고 근대 들어 19세기에 프랑스가 뚫을 때까지 제대로 된 경로가 없었죠.

박현도 ✦✦ 수에즈 운하는 역사적으로 두 가지 면에서 굉장히 중요합니다. 곽민수 소장님께서 말씀하신 그레이트비터호에서 1945년에 미국이 중동의 최강자로 등극한 사건이 일어나요. 미

그레이트비터호에 정박한 USS 퀸시호 갑판에서
루스벨트와 알사우드가 만나고 있다.

국 대통령 프랭클린 D. 루스벨트Franklin D. Roosevelt는 1945년 2월 14일 얄타 회담을 마치고 전함 USS 퀸시호를 타고 귀국하던 중 그레이트비터호에 기착해 사우디아라비아 초대 국왕 압둘아지즈 이븐 알사우드Abdulaziz Ibn Al Saud와 회담을 갖습니다. 그 자리에서 석유와 안보를 맞교환하죠. 양국 동맹관계 형성의 출발점으로 평가되는 회담이었어요.

1956년에는 이집트 아랍 공화국 대통령 가말 압델 나세르Gamal Abdel Nasser가 영국 소유였던 수에즈 운하를 전격적으로 국유화한다고 선언합니다. 하루아침에 큰 수입원을 빼앗긴 영국, 프랑스, 이스라엘과 전쟁을 치러요. 제2차 중동전쟁The Second Arab-Israel War 또는 수에즈 위기The Suez Crisis죠. 전쟁은 당연히 이집트가 패배할 수밖에 없었는데, 미국과 소련이 개입해 영국과 프랑스는 아무것도 얻지 못하고 물러날 수밖에 없었습니다.

이후 일명 '아랍 민족주의Arab Nationalism'가 들판의 불꽃처럼 퍼져 나갔습니다. 나아가 1958년에는 이집트와 시리아가 연합국의 형태로 '아랍연합공화국United Arab Republic'을 성립해 나세르 대통령이 초대 대통령 자리에 오르기도 했죠.

곽민수 ✦✦ 수에즈 운하가 동아시아와 연결된 사례가 하나 있습니다. 러일전쟁Russo-Japanese War 당시 러시아 해군의 발트함대Baltic Fleet가 수에즈 운하를 통과하지 못해 아프리카를 빙 돌아와요. 그렇게 동아시아에 도착하다 보니 전쟁 수행 능력이 많이 떨어졌다고 하죠.

일설에 의하면 영국이 막았다고 하는데, 사실은 20세기 초 당시 수에즈 운하의 수심이 너무 얕아 발트함대의 커다란 전함들이 물리적으로 통과할 수 없었다는 게 정설입니다.

유네스코
세계기록유산의 힘

허준 ++ 올해 2025년 유네스코 세계기록유산에 '제주 4·3 사건 기록물'과 '산림녹화 기록물'이 새롭게 등재되었죠. 하여 유네스코 세계기록유산 순위에서 대한민국이 20건을 보유해 아시아 1위, 세계 4위라고 하는데요.

정말인가요? 엄청난 거 아닌가요? 세계기록유산이라는 게 단순히 오래되었다고 등재되는 게 아니라, 당대 도움이 되었거나 후세에 가치가 있다고 판단되니까 전 세계가 나서서 함께 보호하자는 의미에서 만든 것일 테니까요.

곽민수 ++ 저는 유네스코 세계기록유산이라는 표현 자체가 너무 낭만적이지 않나 싶습니다. 영어로 'Memory of the World'거든요. 직역하면 '세계의 기록' 정도가 될 텐데, 차라리 세계기록유산 말고 세계의 기록이라고 표현하는 게 적절하지 않나 싶어요.

강인욱 ++ 세계기록유산도 그렇지만, 유네스코 세계유산(United Nations Educational, Scientific and Cultural Organization, 약칭 'UNESCO'. 세계유산을 포함해 세계기록유산, 인류무형문화유산, 생물권보전지역, 세계지질공원)이라는 게 시작은 제2차 세계대전 중 연합국의 공동 선언으로 종전 후 국제연합(United Nations, 약칭 'UN')이 창설되었고 이후 '유네스코 헌장'을 채택해 유네스코가 설립된 건데요. 개별의 한 나라가 본인의 힘만으로는 보존하기 힘든 유산들을 국제연합이라는 이름으로 모인 나라들이 함께 보존하자는 취지였습니다.

　예전에는 주로 유럽을 중심으로 유네스코 세계유산이 선정되었고 속된 말로 인기도 별로 없었는데, 1990년대 들어 동아시아 3국이 적극적으로 뛰어들면서 우리나라에 본격적으로 알려졌고 지금은 전 국민적으로 관심이 높아져 문화유산이 많은 지자체는 매달리다시피 하게 된 거죠.

　저는 개인적으로 세계기록유산의 경우 내가 갖고 있는 기록유산들을 발굴하고 어필해 등재하는 거니까 많으면 많을수록

'인권과 시민의 권리 선언'은 유엔의 1948년 세계 인권 선언 토대를 형성했다.

좋다고 생각합니다.

한편 2023년 현재 세계기록유산을 가장 많이 보유한 나라는 독일인데요, 자그마치 30건입니다. 한때 전 세계를 누빈 영국이나 네덜란드, 프랑스보다도 많죠. 다만 현재 유럽의 나라들은 세계기록유산도 그렇지만 세계유산에 힘을 들이지 않고 있어요. 심지어 독일 드레스덴 엘베 계곡이나 영국 리버풀의 경우 세계유산에 등재된 곳에서 해지해 달라고 어필하기도 합니다. 세계유산 때문에 개발을 하기 힘들다는 거죠.

허준 ✦✦ 그러면 이집트는 세계유산이 몇 개나 있어요? 왠지 엄청나게 많을 것 같은데요. 이집트야말로 세계 역사뿐만 아니라 문화의 산증인 아니겠습니까?

곽민수 ✦✦ 이집트에는 고대 이집트의 수도들인 멤피스, 룩소르, 그리고 카이로와 누비아 유적 등을 합쳐 일곱 개가 있습니다. 생각보다 훨씬 적죠?

그런데 어떤 식으로 등재되어 있냐면, 30km 정도 되는 피라미드 지구 전체와 룩소르 지역 전체 그리고 테베와 네크로폴리스 전체가 통째로 등재되어 있습니다. 그리고 누비아 유적의 경우 아스완에서 아부심벨까지 300km 정도 되는데 통째로 등재되어 있어요. 개별 유적들이 하나하나 등재된 게 아니라 거대한 지역이 하나의 유산으로 등재된 것이죠. 사실 이집트는 유네스코 세계유산에 등재되는 데 크게 관심이 없기도 합니다.

정요근 ✤✤ 서울대학교 규장각한국학연구원은 옛날 조선 정조 때 창설한 규장각의 후신인데요. 우리나라에 있는 세계기록유산 스무 점 중 자그마치 여섯 점을 소장하고 있습니다. 『조선왕조실록』 『승정원일기』 『조선왕조의궤』 『일성록』 그리고 '조선통신사 기록물' '동학농민혁명기록물'까지 말이죠.

1997년, 2001년, 2007년, 2011년에 지정된 『조선왕조실록』 『승정원일기』 『조선왕조의궤』 『일성록』은 워낙 중요하고 비중 높은 단일 기록물이지만, 2017년에 등재된 '조선통신사 기록물'과 2023년에 등재된 '동학농민혁명기록물'은 상당한 정도의 기획력과 목적성이 반영되어 세계기록유산 등재에 성공한 측면이 있습니다.

'조선통신사 기록물'은 한국의 부산문화재단과 일본의 시민단체인 조선통신사연지연락협의회가 주도해 양국에서 공동으로 등재를 위해 노력했습니다. 한국과 일본이 항상 대립만 이어가니까 화해의 의미가 될 만한 역사 기록을 찾아보기로 했고 뭐가 있나 봤더니 조선통신사가 보인 거죠. '조선통신사 기록물'에는 임진왜란으로 인한 원한과 불신을 해소하고 문화교류로 공존과 평화를 이어나가자는 방법 및 지혜가 담겨있었던 겁니다.

그에 따라 한국과 일본의 각지에 있던 관련 기록물들을 하나로 묶어 세계기록유산 등재 신청을 했고 등재에 성공했던 거죠. '조선통신사 기록물'은 규장각 말고도 한국과 일본 양국의 여러 기관에 소장되어 있습니다.

'동학농민혁명기록물'의 경우 동학농민운동과 관련된 문서 185건을 모아놓은 기록물로, 부패한 지도층과 외세의 침략에 저항하며 평등하고 공정한 사회를 건설하고자 민중이 봉기한 역사성이 반영된 측면이 크고요.

또한 이 기록물은 일반 대중이 보편적 가치 실현을 향해 나아가는 역사적 과정의 기억 저장소로서 충분한 역할을 하고 있다 하겠습니다.

강인욱 ✦✦ 저는 유네스코 세계유산을 둘러싼 지나친 경쟁에 비판적 입장이긴 합니다. 세계기록유산의 경우 전 세계적으로 채 200개가 안 되는데요. 우리나라가 적극적으로 추진하고 또 유지해 스무 개로 아시아 최다인 반면, 중국의 경우 사실 우리나라보다 역사 기록이 이루 말할 수 없이 많을 텐데 열다섯 개밖에 되지 않습니다. 즉 실제와 목록이 판이하게 다를 수 있다는 거죠.

그런가 하면 우리나라는 세계유산을 마치 올림픽에 출전해 금메달을 따는 것처럼 경쟁하듯 추진하는데, 제3세계의 유산들은 소리 소문 없이 사라지는 경우가 많아요. 세계유산으로 지정되어 특별 관리를 받고 있음에도 나라에서 관리할 능력이 많이 떨어지고 또 전쟁, 개발, 재해 등의 문제도 있을 테죠.

그러니 세계유산을 얼마나 갖고 있는지도 물론 중요하지만, '세계유산'이라는 타이틀답게 여력이 되는 한 우리나라뿐만 아니라 다른 나라의 유산까지 어떻게 지켜나갈 수 있는지 함께 고민해볼 필요가 있다고 생각합니다.

허준 ✢✢ 고려청자의 고장 강진군이 부안군, 해남군과 손잡고 '고려청자 요지'의 유네스코 세계유산 등재를 추진하고 있다고 알고 있습니다. 그런데 정작 고려청자가 여타 다른 청자들과 어떤 면이 다른지 모르겠더라고요. 뭐가 달라서 고려청자를 최고로 치는 걸까요?

정요근 ✢✢ 고려 중기인 1123년에 송나라에서 사신이 옵니다. 고려 제16대 임금 예종이 세상을 떠나자, 송나라에서 조문 사신단을 파견했는데요, 사실 이 사신단은 고려의 내정을 살피고 많은 정보를 얻으려 한 목적도 갖고 있었죠.

그 사신단 중 서긍徐兢이라는 사람이 있었어요. 그는 고려에 사신으로 방문해 한 달 동안 보고 들은 것을 글과 그림으로 작성한 다음 송나라 휘종(徽宗, 북송 제8대 황제)에게 보고했죠. 그 책의 제목이 『선화봉사고려도경宣和奉使高麗圖經』인데, 줄여서 『고려

서긍의 『선화봉사고려도경』.

도경』이라고 합니다. 당시 고려의 정치, 제도, 사회, 문화 등에 관한 다양한 내용을 담고 있어서 고려사 연구자들이 필수로 참고하는 자료이기도 하죠.

전체 40권으로 구성된 『선화봉사고려도경』 제32권에 이런 내용이 실려 있어요. "고려 사람들은 도기의 빛깔이 푸른 것을 비색翡色이라고 하는데, 근래 들어 제작 기술이 정교해져 빛깔이 더욱 좋아졌다."라고요. 고려의 도기는 청자죠, 고려청자.

외국인이 고려청자의 아름다움을 솔직히 평가한 것도 대단한데, 청자의 본고장인 중국에서 온 사신이 자기네 황제에게 바친 책에 고려청자의 뛰어남을 실었던 사실 자체도 엄청난 거죠.

고려청자가 한창 생산되던 당대에도 청자의 본고장 사람이 최고라고 쳤다는 말이니까요. 그러니 900여 년이 지난 지금까지도 고려청자의 우수함이 회자되고 있는 게 아닐까 싶습니다.

강인욱 ✦✦ 고려청자는 서양인들도 좋아하는가 봅니다. 흥미로운 사례가 하나 있는데, 영화 〈인디아나 존스〉 시리즈의 주인공 '인디아나 존스'의 모델이 되는 고고학자들 중 랭던 워너Langdon Warner라는 사람이 있어요. 하버드대학교 교수였는데, 사실 그는 전공이 일본과 중국 미술사였죠.

일제 강점기 때 한국에 방문하기도 했는데, 그때 고려청자를 보고 깊은 감명을 받아요. 그러곤 본국의 박물관에 전시해야 한다며 사방에 알리는데, 그때부터 고려청자 경매가가 천정부지로 쏟아 오르죠.

당시만 해도 제국주의였던 시절이니 서양의 고고학자로서 해외에 나가 뭐든지 값진 게 있으면 사든지 뺏든지 어떡하든 본국으로 가져오는 게 일상이었습니다. 그렇게 하는 게 고고학자로서 임무를 완료하는 것이었거든요.

얼마전까지 미국의 보스턴 미술관Museum of Fine Arts, Boston이나 메트로폴리탄 미술관Metropolitan Museum of Art, The Met 등 미국 주요 박물관에 있는 한국관에 가면 고려청자밖에 없다시피 했습니다. 지금은 다양해졌지만요. 랭던 워너가 고려청자를 미국에 소개한 덕분이겠지요.

그와 아내가 그곳들을 방문해 고려청자를 보고 정말 좋아했었다고 하죠. 랭던 워너가 아시아에서 가지 않은 곳이 없었고, 그의 말 한마디면 하버드대학교는 물론 미국 전역의 미술관이든 박물관이든 전시가 되지 않는 곳이 없었다고 해요.

그럴 정도의 막강한 권한을 가진 그가 직접 전시를 지시했을 정도니 고려청자가 아시아인뿐만 아니라 서양인에게도 큰 매력으로 다가간 요소가 있었을 거라 생각합니다.

역사서와 위서는 종이 한 장 차이다

허준 ✦✦ 인터넷에서 "삼국사기와 삼국유사를 교차 검증해 벗어나는 책은 다 위서다"라는 말을 본 적이 있습니다. 물론 『삼국사기三國史記』와 『삼국유사三國遺事』야말로 한국 고대사의 양대 사료인 건 모두가 아는 사실이지만, 13세기 책 『삼국유사』가 아무래도 12세기 책 『삼국사기』를 기준 삼아 많이 참고해 검증이 되었을 텐데, 정작 『삼국사기』는 김부식金富軾이라는 논란 많은 권신이 편찬 책임자였으니 무엇을 근거로 검증되었다고 할 수 있을까요? 답변하기 쉽지 않으실 수도 있을 거라 생각합니다.

정요근 ++ 『삼국사기』와 『삼국유사』는 한국 고대사와 관련된 우리나라 문헌 기록 중 가장 대표적인 것들로 유명합니다. 그밖에는 남아있는 자료들이 그다지 많지 않아요. 따라서 한국 고대사 관련 자료들에 대해선 다양성의 측면에서 목마름과 갈증이 있을 수밖에 없죠.

잘 아시는 것처럼 『삼국사기』와 『삼국유사』도 삼국 시대나 통일신라 시대 때 편찬된 것이 아니고 고려 시대 중기와 후기에 작성되었단 말이에요. 그러니 그 책들이 얼마나 당대의 사실을 그대로 담고 있는지도 많은 논란이 되고 있죠.

그런데 두 자료에는 어떤 문헌의 내용을 참고해 기록했는지 실려 있는데요. 그중에는 신라 시대 때의 문헌도 있고요, 삼국 시대 당시에 중국에서 편찬된 자료도 있습니다.

정사인 『삼국사기』의 경우, 중국 측 문헌들과 교차 검증을 하면 내용이 거의 부합하죠. 반면 『삼국유사』는 우리나라 전래의 기록들을 상대적으로 많이 참고했어요.

고려 중기 김부식이 『삼국사기』를 편찬할 때 통일신라 때의 학자인 김대문金大問의 『화랑세기花郞世記』를 인용했는데, 오늘날 그 책에 대해서 진위 논쟁이 있어요. 『삼국사기』에 이런 문구가 있습니다. "김대문이 『화랑세기』에서 말하길, '어진 보좌와 충성스러운 신하가 이로부터 나왔고, 훌륭한 장수와 용감한 병졸이 이로부터 생겼다.'라고 했다."라고요.

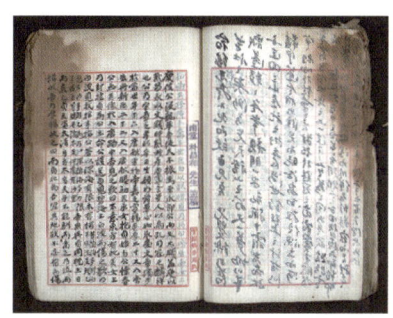

1989년에 공개된
『화랑세기』 필사본(발췌본).

그렇다면 『화랑세기』는 어떤 내용을 담고 있었을까요. 신라 시대 화랑도(소년들로 구성된 심신 수련 및 교육 단체)의 우두머리, 즉 풍월주風月主에 관한 책으로 알려져 있습니다.

그런데 1989년에 박창화朴昌和라는 이가 소장했던 『화랑세기』 필사본이 세상에 공개되었어요. 김부식이 『삼국사기』에서 언급한 후 언제 사라졌는지 알 수 없었던 게 850여 년만에 세상에 나온 것이죠. 하지만 나오자마자 진위 논쟁이 첨예하게 벌어졌어요.

박창화는 일제 강점기에 활동한 한학자였는데, 당시 일본 궁내성 왕실 도서관에서 촉탁으로 근무하면서 『화랑세기』를 발견했다고 해요. 국내로 반입할 수 없으니 근무하면서 필사했고 아무한테도 공개하지 않은 채 보관했다고 합니다. 하지만 죽은 자는 말이 없으니 지금으로선 진실을 알 수 없는 노릇입니다.

곽민수 ✦✦ 특정 역사 기록이 있을 때, 그 기록이 갖는 사료로서의 가치를 평가하는 방법이 크게 두 가지 있는 것 같습니다.

앞서 말씀하신 '교차 검증'이 있을 테죠. 여타 다른 사료 혹은 고고학적 자료로 기록의 내용을 확인하면 신빙성이 조금 더 높아지는 겁니다. 그리고 다른 또 하나로 '사료 비판'이라고 하는 방법론도 있습니다.

사료 비판은 다시 외적 비판과 내적 비판으로 나뉘는데요. 외적 비판은 사료가 갖고 있는 물리적 성격을 분석하는 겁니다. 예를 들어 글씨가 쓰여 있으면 종이의 질, 잉크의 종류, 서체, 사용한 단어 등으로 글씨가 쓰인 시기의 기록이 맞는지 여부를 판단하는 거죠. 그런가 하면 내적 비판은 사료 자체의 오류를 분석하는 거예요. 예를 들어 어떤 지명을 작성했을 때 그 지명을 계속 똑같이 쓰고 있는지의 여부를 판단하는 거죠. 위서들의 경우 그런 곳에서 달라지곤 하니까요.

헤로도토스^{Herodotus}를 두고 서양에선 '역사학의 아버지'라고 부르죠. 그는 고대 이집트에 대해 상당히 자세한 기록을 남겼는데요, 어떤 기록은 정확한 반면 어떤 기록은 터무니없어요. 사실 처음에 그가 남긴 이집트에 관한 기록을 보면 전부 다 터무니없어 보이는데, 여러 사료를 통해 교차 검증되는 사례가 존재하니 정확해진 겁니다.

이를테면 오늘날 다 알고 있는 내용에 미라를 만드는 방법으로 '뇌를 제거한다'는 게 정설인데, 사실 고대 이집트인들이 미라를 만드는 방법을 구체적으로 기록한 역사적 사료를 거의 찾아볼 수 없어요. 그런 와중에 헤로도토스는 기록을 남겼죠. 고대 이집트의 미라를 보니까 정말 뇌가 없으니 그의 기록이 신뢰를 쌓을 수 있는 겁니다.

그런가 하면 미궁과 관련된 기록도 있습니다. 하와라Hawara라는 곳에 가면 엄청나게 큰 미궁이 있는데, 방이 3천 개에 이르고 2층으로 되어 있다고 기록했어요. 터무니없어 보이지 않습니까? 그런데 실제로 확인이 되었어요.

하와라에 가면 고대 이집트 중왕국 제12왕조 6대 파라오 아메넴헤트 3세Amenemhat III의 피라미드가 있는데, 그 앞쪽의 장례신전 규모가 엄청납니다. 가로, 세로가 400m, 150m에 달하죠. 그걸 보고 헤로도토스가 기록한 거예요. 고고학적으로 정확하게 확인되니 그의 기록이 정확하다고 말씀드릴 수 있겠습니다.

반면 그의 기록이 허황된 것들도 많아요. 이를테면 고대 이집트 제4왕조 제2대 파라오 쿠푸Khufu가 대피라미드를 짓는 비용을 마련하고자 공주를 매춘시켰다는 건 교차 검증도 되지 않을뿐더러 그 자체로도 사료 비판 차원에서 말이 안 되죠. 가히 어마어마한 규모의 피라미드를 건설하는 비용을 매춘으로 확보한다는 것 자체가 말이 되지 않는다는 겁니다.

정요근 ✦✦ 앞서 『화랑세기』 필사본이 진위 논란에 휩싸였고 지금도 여전히 논란이 계속되고 있다고 말씀드렸지 않습니까. 사실 『화랑세기』 필사본은 『삼국사기』나 『삼국유사』의 기록과 부합하는 내용이 많아요. 그런데 『삼국사기』나 『삼국유사』에서 보이지 않는 전혀 다른 내용도 담고 있는데, 대표적인 게 '미실'에 관한 기록입니다.

'미실' 하면 김별아 소설가의 소설 『미실』이나 드라마 〈선덕여왕〉, 뮤지컬 〈선덕여왕〉으로 유명해졌지만 1990년대부터 2000년대 초반까지 한국 고대사 학계에서 엄청난 논쟁의 대상이 되기도 했죠.

『화랑세기』 필사본에 따르면, 미실의 아버지는 제2대 풍월주이고 어머니는 묘도부인으로 신라 제23대 임금 법흥왕法興王의 후궁이이었으며, 이모는 신라 제24대 임금 진흥왕眞興王의 왕후인 사도왕후였다고 합니다. 이렇듯 미실은 권력의 핵심층에 있었던 여성이라고 하죠.

더군다나 미실은 남성 편력이 심해 왕을 비롯해 왕가의 남자 여러 명과 관계를 갖기도 하죠. 그중에 신라 제25대 임금인 진지왕眞智王은 미실의 관계 요구를 거부해 미실에 의해 폐위되었다고 전해집니다. 『삼국사기』에도 진지왕이 폐위되었다고 기록되어 있지만, 『화랑세기』 필사본은 그 이유를 미실의 관계 요구 거부로 보고 있는 거죠.

김부식의 『삼국사기』.
ⓒ한국민족문화대백과사전

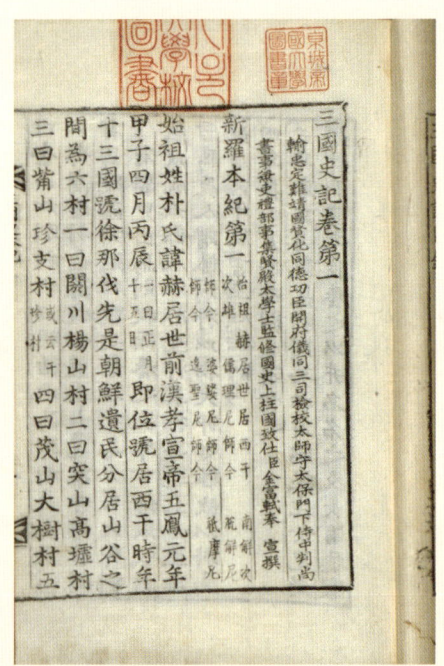

일연의 『삼국유사』.
ⓒ한국민족문화대백과사전

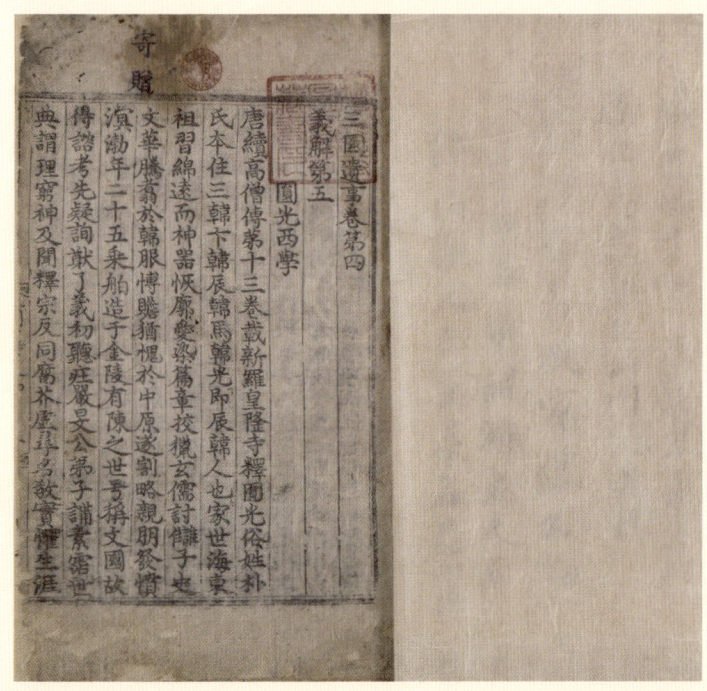

그리고 『화랑세기』 필사본에는 마복자磨腹子 제도라는 신라 고유의 풍습이 있었다고 기록되어 있습니다. 부하의 부인이 임신한 상태에서 상관은 그 임신한 부하의 부인과 동침하고, 그 부인이 자식을 낳으면 상관은 그 자식을 자신의 양자로 삼는 풍습을 마복자 제도라 한다고 합니다.

그런데 마복자 제도는 권력이 강한 상관이 부하의 부인을 성적으로 빼앗는다는 성격을 지니므로, 과연 오랜 기간 안정적으로 유지될 수 있는 제도였을지 의문입니다. 그러니 과연 신라에 이런 풍습이 있을 수 있었겠느냐 하는 게 논란의 대상으로 떠올랐던 겁니다.

한편 『화랑세기』 필사본에는 '향가鄕歌'가 실려 있어 진위 논란에 불을 더욱 지폈습니다. 현재 전해지는 향가는 『삼국유사』에 실린 열네 수를 포함해 총 스물다섯 수로 알려져 있는데, 별도로 『화랑세기』 필사본에 「풍랑가(송사다함가)」라는 향가가 전해지고 있거든요.

문제는 『삼국유사』의 향가를 향가로 처음 해독한 게 1920년대라는 점입니다. 그전까진 해석하지 못했죠. 그렇다면 박창화가 1930년대에 필사했을 거라 추정되는 『화랑세기』 필사본은 박창화가 지어낸 기록이 아니라 신라 시대 당시의 진짜 역사서로 생각할 수 있는 겁니다.

허준 ++ 그렇다면 향가는 정확하게 언제 만들어진 건가요? 신라 시대 때인가요?

정요근 ++ 네, 맞습니다. 향가는 신라 시대와 고려 초기에 만들어져 널리 불렸어요. 한자를 빌어 우리말을 표현한 '향찰鄕札'로 기록되었죠. 그러니 한자로 써 있다 해도 해석이 난해합니다. 그러던 게 1920년대에 들어서 향가를 해독할 수 있게 된 거예요.

그래서 『화랑세기』 필사본의 향가를 두고 『화랑세기』 필사본이 위서라고 보는 입장에선 박창화가 창작했다고 하고, 진서라고 보는 입장에선 해독 자체가 어려운 향가를 박창화가 어떻게 창작할 수 있었냐고 하는 것이죠. 하지만 이 작품은 신라 당대의 언어보다 근대의 언어 요소가 많아 박창화의 창작물로 보는 견해가 우세합니다.

그리고 또 하나, 1970년대에 발견되어 이후 국보로 지정된 울산시 울주군 '울주 천전리 명문과 암각화'에는 신라 시대 당시에 새긴 화랑들의 이름이 다수 확인되는데, 그 중에서 『화랑세기』 필사본에 실린 화랑의 이름은 단 한 명도 보이지 않아요. 하여 최근에는 『화랑세기』 필사본이 박창화가 지어낸 위서라고 보는 견해가 우세합니다.

곽민수 ✦✦ 저는 특정 기록의 전체를 위조라고 단정하는 걸 조심해야 한다고 생각합니다. 중요한 건 그 기록이 쓰였을 당시의 맥락을 파악하고 저작자의 의지와 의도가 무엇이었냐를 파악하는 거라고 봐요. 굉장히 조심스럽지만, 대표적으로 『구약성경舊約聖經』이 있겠죠.

『구약성경』에는 굉장히 많은 기록이 쓰여 있고 또 고대 이집트와 많은 연관이 있어요. 사실 이집트학은 기독교 신앙인들이 『구약성경』의 내용을 증명하고자 발전시킨 학문입니다.

하여 오랜 세월 동안 굉장히 많은 연구와 조사가 이뤄졌죠. 그런데 『구약성경』이라는 게 애초에 역사 기록을 바탕으로 쓰인 책이 아니지 않습니까. 그럼에도 역사적으로 사실 가능성이 높은 내용이 존재합니다.

대표적으로 기원전 10세기 이후의 내용은 이집트, 메소포타미아 쪽의 사료나 고고학적 증거를 토대로 꽤 많이 검증되었어요. 그런데 그 이전의 내용은, 이를테면 『구약성경』에서 가장 중요한 이벤트 중 하나인 '출애굽出埃及' 사건의 경우 사실로 확인되지 않죠. 어떤 사료에서도 또 고고학적 자료에서도 확인된 바가 없습니다.

다만 기원전 17, 18세기부터 기원전 11세기까지 있었던 여러 사건을 바탕으로 특정 목적을 갖고 메시지를 담고자 쓰인 기록이라고 하죠. 그렇다고 출애굽 사건을 두고 의미가 없다고 말할 수 없어요. 그 기록이 쓰였을 당시 사람들의 사유나 시대정신을 확인할 수 있기 때문입니다.

박현도 ✦✦ 이슬람 세계에도 『구약성경』과 비견되는 대표적 기록이 있습니다. 이슬람의 창시자이며 이슬람의 마지막 예언자로 믿는 무함마드의 전기를 그의 사후 150여 년 후 이븐 이스하그Ibn Ishaq라는 학자가 써요.

하지만 원본은 전해지지 않고, 다시 그로부터 한 세대 정도가 지난 후인 832년에 이븐 히샴Ibn Hisham이 편집합니다. 책의 서문에서 본인의 수정 기준을 설명하는데, 이것저것 삭제해요. 문제는 뭘 삭제했는지 알 수 없다는 거죠.

그런데 한 세기 뒤에 역사학자 무함마드 이븐 자리르 알타바리Muhammad ibn Jarir al-Tabari가 쓴 책에 이븐 히샴이 삭제했을 거라고 생각되는 부분들이 나오는 겁니다. 그래서 현대의 이슬람 학자들이 맞춰보니, 100%는 아니지만 얼추 맞는다는 거죠. 이븐 히샴이 어떤 부분을 삭제했는지 말이에요.

곽민수 ✦✦ 박현도 교수님께서 말씀하신 『무함마드 전기』의 여정과 비슷한 사례가 고대 이집트에도 있습니다. 기원전 3세기 프톨레마이오스 왕조 시대 때 마네토Manetho라고 하는 대사제가 당시까지의 이집트 전체 역사를 총정리해요. 엄청나게 큰 프로젝트였던 거죠. 그런데 안타깝게도 원본이 전해지진 않습니다. 다만 원본의 거의 전체를 갖고 있어요.

도대체 어떻게 그럴 수 있냐 하면, 훗날 여러 역사가가 마네토의 저서를 계속해서 인용해요. 그렇게 인용한 부분을 싹 모아 분석해보니, 세부적인 부분에선 차이가 있는 경우도 있지만 대체로 내용이 유사했습니다. 그 인용 부분들을 모두 모아 정리해보니 마네토의 기록이 거의 완전한 상태로 복원될 수 있었죠.

사실 현재 이집트학에서 쓰는 왕조 구분법 등이 다 마네토의 책에서 기원하는 건데요, 하나의 책으로 만든 후 계속 조사해보니 꽤 잘 맞더라는 겁니다. 그렇게 점점 신빙성 있는 자료로 판단이 내려지고 있는 거죠.

허준 ✦✦ 그러면 반대로, 엉터리인 줄 알았는데 발굴해서 진짜로 판명 난 경우도 있나요? 대부분이 진짜인 줄 알았는데 알고 보니 엉터리로 판명 난 경우이지 않습니까.

강인욱 ✦✦ 고대 중국의 병법서이자 중국의 대표 병법서 일곱 가지를 묶은 '무경칠서武經七書' 중에서도 가장 중요한 병법서로 꼽히는 『손자병법孫子兵法』이 있지 않습니까. 그 유명한 『손자병법』의 저자 손무孫武의 후손이라 일컬어지는 손빈孫臏이 『손빈병법孫臏兵法』을 썼다고 했는데, 증거가 나오지 않아 의심이 다분했었죠.

그러던 1972년 4월, 산둥성 린이 남쪽에 위치한 은작산의 한 나라 무덤에서 한 무더기의 죽간이 쏟아져 나왔어요. 그 죽간들을 분석해보니 그중 일부분이 『손빈병법』이었언 겁니다. 그 후 본격적인 연구가 진행되면서 『손빈병법』이 엄연히 『손자병법』과 별개의 책이었다는 게 밝혀졌죠.

그리고 『이고리 원정기 Слово о пълкоу Игоревѣ』라는 책이 있습니다. 슬라브어로 쓰인 이 책은 12세기 후반 중세 러시아 키예프 루시의 공후였던 이고리가 폴로베츠인들을 토벌하러 출정했다가 갖은 고생을 겪고 결국 귀환한다는 내용입니다.

이고리는 실존 인물이고 그의 실패한 원정은 당시의 역사책에도 남아있죠. 그런데 그의 원정기가 1795년에 한 수도원에서 발견되었고, 곧이어 필사본도 공개되었습니다. 하지만 원 필사본은 1812년 나폴레옹이 모스크바를 침공할 당시 대화재로 불타버렸고, 책의 내용도 전해진 12세기의 책들과 많이 달라 진위 여부 논란이 계속되었습니다.

면밀하게 분석한 결과 당시 방언과 독특한 표현이 생생히 남아있다는 점이 밝혀졌지요. 19세기까지의 언어학 수준으로는 도저히 이렇게까지 그럴싸하게 위조할 수 없다는 뜻이에요. 지금은 러시아의 대표적인 중세문학 작품으로 남아있습니다.

박현도 ✢✢ 종교사를 공부하고 연구하는 이들이 항상 느끼는 게 있습니다. 서기 1세기경 유대인 역사가 플라비우스 요세푸스Flavius Josephus의 저서 『유대 고대사Antiquitates Judaicae』가 있어요.

기독교사를 공부하고 연구함에 있어 매우 중요한 서적이죠. 그런데 나중에 기독교인들이 거의 다 변조를 해놨어요. 그러니 뭐가 원전인지 알 수 없는 겁니다.

하여 저는 역사를 공부하는 사람들, 종교사를 공부하는 사람들은 역사상 진짜로 일어난 사실도 중요하지만 후대 사람들이 어떻게 생각했는지도 중요하게 여겨야 한다고 봐요.

그런데 우리나라 역사학계는 '정통' 아니면 '이단'이라는 이분법적 재단이 너무 강하다고 생각합니다. 그보다 더 중요한 게 있을 텐데 말이죠.

강인욱 ✢✢ 저도 박현도 교수님의 의견에 동의하는 바입니다. 우리는 실증사학(엄격한 사료 비판과 정확한 자료에 충실한, 있는 그대로의 서술을 강조하는 역사 연구 방법론 또는 사관)이라고 해서, 반드시 논리적으로 증명된 것들만 받아들여야 한다고 교육받았는데요. 과거 사람들은 그것만이 '역사'라고 생각하지 않았다는 겁니다. 때로는 만들어 낼 수도 있다고 본 거죠.

중요한 건 역사로 교훈을 주는 것이었다는 거예요. 그렇다고 그들이 역사를 일부러 위조하진 않았을 겁니다. 하여 역사의 정의는 시대마다 바뀌었을 거라는 사실이 중요하다고 봐요.

　모든 걸 정통 아니면 이단이라고 단정하지 말고, 당시 사람들의 입장에서 이해하면서 끊임없이 교차 검증하며 우리의 시야를 넓혀가는 게 진정한 '역사'의 모습이 아닐까 싶습니다.

구독자들의 궁금증
세 번째

Question 1

인류 문명의 원류를 말할 때 이른바 '세계 4대 문명'이 가장 널리 쓰이는데요. 그에 비견할 만한 고대 인류 문명이 있을까요?

강인욱 ✦✦ 우리가 가장 많이 오해하는 게 바로 '세계 4대 문명'이에요. 중국의 사상가 양계초가 20세기 초에 주장한 걸 일본에서 받아 널리 유행시킨 개념입니다. 사실 고고학계에서 문명을 4대니 7대니, 이런 식으로 순위를 부여하지 않습니다. 물론 최근 서양 고고학계에선 반대로 한중일의 영향을 받아 4대 문명이라고도 하더라, 하는 식의 서술도 가끔 보이지만요.

문명이 몇 개인지, 그리고 무엇이 거대 문명인지 말하기 전에 '문명'의 기준이 무엇인지를 정해야 합니다. 흔히 이집트의 피라미드처럼 거대 문명을 많이 떠올리지요. 비유하면 '아파트 평수 크다고 무조건 부자인가?'라는 물음처럼 무조건 큰 기념물이 위대하다고 생각하지 않습니다.

핵심은 '각자 서로 다른 자연환경에서 얼마나 괄목할 만한 발전을 이루며 그 환경과 조화를 이뤄 번성했는가'이겠지요. 그러한 거대 기념물과 사람들의 모임은 1만 2천 년 전 튀르키예 아나톨리아 반도의 괴베클리^{Göbekli}와 주변 지역인 듯합니다.

한국으로 눈을 돌리면 추운 연해주와 만주 일대에서 나라를 세운 발해를 꼽고 싶어요. 물론 발해보다 큰 나라도 많지요. 하지만 연해주 일대의 험난한 지리환경과 추위를 뚫고 본격적인 나라를 만들었고, 이후 여진족이 금나라와 청나라를 잇달아 만들어 중원을 제패했습니다. 그런 국가를 만드는 방법을 본격적으로 개발했으니 발해의 역할이 크다고 할 수 있겠죠.

또한 초원의 유목제국도 빼놓을 수 없지요. 흉노, 몽골, 티무르 제국 등 말을 타고 사방을 다니면서 완전히 새로운 패러다임의 문명 세계와 국가를 만들었으니까요.

Question 2

기후 변화와 같은 전 지구적 문제들이 고고학에 어떤 영향을 미치고 있나요? 그리고 이에 대한 고고학계의 대응은 무엇인가요?

강인욱 ✦✦ 고고학계가 기후 변화에 대처할 수 있는 뭔가는 딱히 없는 것 같습니다. 다만 기후 변화로 위험에 처한 유적을 빠르게 조사하는 역할을 해야 한다고 생각해요. 북극의 경우 영구동결층이 녹아 그 아래의 유적이 드러나기도 하죠. 그런 걸 조사해야 하겠습니다.

고고학계가 기후 변화에 대응하는 또 다른 방법은 과거 기후 변화에 대처하지 못해 멸망한 여러 문명을 연구해 경고를 할 수 있겠습니다. 인더스 문명이나 요서 지역의 홍산 문화 등 대부분의 고대 문명은 기후 변화를 견디지 못하고 멸망했죠.

지난 인류의 역사에서 기후 변화에 맞서 이긴 적은 한 번도 없습니다. 지금 우리를 둘러싼 기후 변화가 결국 현대 문명을 망하게 할 수 있다는 건 단순한 경고가 아니라 수만 년 인간의 역사가 보여준 '진리'입니다. 이 이상 명확한 경고가 또 있을까요.

다양한 기원을
추적한다는 것

우리나라 청동 젓가락의 기원

허준 ✦✦ 포크를 사용해 식사를 하거나 식기 없이 맨손으로 먹는 나라가 있는 반면, 우리나라는 주로 숟가락과 젓가락을 사용해 식사를 하잖아요. 젓가락의 경우 쇠 젓가락과 나무 젓가락을 같이 쓰는데, 예전에는 어땠나요? 지배층은 쇠 젓가락을 쓰고 하위층은 나무 젓가락을 썼나요?

강인욱 ✦✦ 젓가락은 신석기 시대 때부터 사용했습니다. 중국 양쯔강 유역에서 7천 년 전 뼈로 된 젓가락이 발굴되었거든요. 뼈로 된 젓가락이 나왔다는 건 이미 나무 젓가락을 사용하고 있었

무령왕릉에서 출토된 청동 젓가락과 숟가락.
ⓒ국립공주박물관

다는 것이고요.

그리고 쇠 젓가락 말씀하셨는데, 쇠로 젓가락을 만든 적은 없습니다. 쇠는 녹이 잘 슬기 때문에 위생적으로 관리가 어렵죠. 대신 우리나라는 청동으로 만든 젓가락을 많이 썼습니다.

청동 젓가락은 중국에서 3,300여 년 전 것이 발견되었어요. 중국 허난성 안양시의 은허殷墟에서 발견되었으니 상(은)나라 때 이미 사용하고 있었던 거죠. 우리나라의 경우 충청남도 공주시의 무령왕릉武寧王陵에서 나온 게 가장 오래된 청동 젓가락이에요. 무령왕이 백제 제25대 국왕으로 5~6세기 때 사람이니 지금으로부터 1,500여 년 전이죠.

한편 숟가락의 경우 우리나라에서 발견된 게 동북아시아에서 가장 이른 시기예요. 서울 암사동 유적지에서 출토된 6천여 년 전 흙으로 만든 숟가락 말이죠. 다만 지금은 숟가락을 주로 국을 먹을 때 쓰지만 6천여 년 전에 국을 먹었다는 고고학적 증거는 아직 나오지 않아 정확한 용도는 알기 힘듭니다.

물론 동북아시아를 벗어나면 튀르키예 차탈회위크(Çatalhöyük)에서 숟가락이 발견되기도 했어요. 기원전 7100년~기원전 5600년 무렵까지 이어진 신석기 시대의 도시 유적으로 '인류 최초의 도시'라는 별칭이 붙여졌을 만큼 오래되었죠. 숟가락은 인류 문명의 시작 때부터 쓰였다는 걸 알 수 있습니다.

그러면 왜 청동으로 만든 젓가락을 썼냐 하면, 말씀드렸듯 젓가락은 그보다 훨씬 오래전부터 썼지만 청동이 음식 상하는 걸 막아준다고 하여 차츰 청동 젓가락을 쓰기 시작했던 겁니다. 그래서 중국에선 제사 지낼 때 고기나 물이 빨리 상하지 않게 청동을 사용했다고 해요. 그러니 청동 젓가락도 주로 제사 때 쓰였다는 거죠.

조선 시대 후기에 들어서면서 노비가 줄어들고 평민과 양반의 비율이 폭발적으로 늘어났습니다. 그러며 너도나도 기와집을 짓고 온돌을 들여놓으면서 산에 나무가 없어지기 시작해요. 식습관도 청동 젓가락을 선호하기 시작했고요. 그리고 20세기 들어 스테인리스가 등장하면서 자연스레 스테인리스 젓가락으로 옮겨갔습니다.

그런가 하면 나무 젓가락도 치명적인 단점을 갖고 있어요. 쇠가 녹이 잘 슬기 때문에 위생적으로 관리가 어려운 것처럼 나무는 잘 썩기 때문에 위생적으로 관리가 어렵죠. 자주 바꿔주기도 해야 하고요. 그러니 지금은 스테인리스 젓가락을 가장 선호하는 것 같습니다.

그런데 서양의 경우 젓가락 자체를 잘 쓰지 않죠. 서양은 고기를 많이 먹으니만큼 젓가락이 필요 없습니다. 대신 나이프로 잘라 포크로 찍어 먹죠.

그리고 한, 중, 일의 젓가락을 비교해보면 또 달라요. 우리나라가 금속으로 만든 젓가락을 주로 쓰는 반면, 중국의 경우 우리나라 젓가락보다 더 긴 플라스틱 재질의 젓가락을 주로 쓰고 일본의 경우 우리나라 젓가락보다 짧은 나무 재질의 젓가락을 주로 씁니다. 우리나라 젓가락만 납작하다는 특징이 있지요.

인류는 언제부터
종이를 썼을까

허준 ✦✦ 제가 볼펜으로 쓴 글이나 프린트로 인쇄한 글을 보니 20년 남짓이면 잉크가 지워져 사라지고 말더라고요. 글로 쓰인 기록이야말로 가장 중요한 사료일 텐데 개인적으로 안타까운 지점입니다. 그런데 몇백 몇천 년 지난 기록이 버젓이 남아있는 경우가 엄청 많지 않습니까? 어떻게 그럴 수 있죠?

곽민수 ✦✦ 가장 좋은 건 돌에 새기는 건데요, 매우 힘든 작업이죠. 고대 이집트의 경우 종이, 그러니까 파피루스에 기록한 글이 남아있습니다. 가장 오래된 문서이자 최초의 파피루스는 기원전

2600년경에 쓰였죠.「메르에르의 일기」로 잘 알려져 있고요.

파피루스는 습기에 엄청 취약한 편인데 건조한 지역에선 보존력이 굉장히 좋습니다. 훗날 양피지와의 경쟁에서 패하는 결정적 이유 중 하나죠. 건조하기 짝이 없는 고대 이집트에선 파피루스가 천하무적이었는데, 습한 지역이 많은 지중해로 퍼져 나가면서 힘을 잃어요. 그렇게 서기 4세기경부턴 양피지가 파피루스를 대신하기 시작합니다.

사실 파피루스는 종이가 아닌 종이 이전의 기록 매체에 해당하죠. 앞서 말씀드린 돌을 포함해 대나무, 점토판 등과 파피루스, 양피지 등을 대표적으로 언급할 수 있겠습니다. 그중 파피루스의 경우 이집트 나일강변에서 자라는 사초류 식물인데요, 엄지손가락 굵기 정도로 가늘죠. 그 식물 파피루스의 껍질을 벗겨내

기원전 3세기의 파피루스 공식 문서.

속살을 얇게 잘라 직조하는 겁니다. 그런 다음 무거운 걸로 압력을 가하고 건조시켜요. 그렇게 가볍지만 두루마리로 만들 수 있고 화학물질에도 강한 파피루스가 만들어지는 거죠.

허준 ++ 종이 이전의 기록 매체를 떠올리면 파피루스와 함께 양피지를 가장 먼저 떠올리는데요. 양피지는 정확히 뭐죠? 무엇으로 만들어진 건가요?

박현도 ++ 양피지는 동물, 그중에서도 양가죽으로 만든 기록 매체죠. 양가죽을 깨끗이 씻은 후 석회물에 표백해선 경석으로 표면을 문지르고요, 건조 과정을 거쳐 만듭니다. 제작이 어렵고 가격이 비싸지만 내구성과 보존성이 매우 뛰어났죠. 그러니 재활용한 경우를 심심치 않게 볼 수 있어요.

이슬람의 경우도 양피지를 주로 썼는데 751년 '탈라스 전투 Battle of Talas'로 양상이 바뀌었습니다. 중앙아시아 탈라스강 근처에서 당나라와 아바스 왕조가 맞붙었는데요, 역사상 처음으로 벌어진 중국과 이슬람 제국 사이의 직접적 충돌이죠.

그 결과 중국의 서역 팽창이 저지되었고 중앙아시아 지역의 이슬람화가 가속화됩니다. 그리고 중국의 제지술이 이슬람으로 전파되었고 이후 유럽까지 퍼지게 된 거죠. 그만큼 세계사적으로 매우 중요한 전투예요.

강인욱 ✦✦ 탈라스 전투의 당나라쪽 지휘관이 바로 그 유명한 고선지高仙芝였는데요. 그 전투에서 당나라가 패배하며 2만 명 정도가 잡히는데 상당수가 고구려 유민이었을 거라 추측되죠. 그리고 박현도 교수님께서 말씀하신 것처럼 그때 양질의 중국 제지술이 이슬람으로 건너갔을 거라고 보고 있고요.

관련하여 우석대학교의 조법종 교수님이 흥미로운 주장을 하셨는데 상당히 일리 있는 것 같아 소개해 드립니다. 결론부터 말하면, 그때 이슬람으로 건너갔을 거라고 보는 제지술이 다름 아닌 고구려의 '만지蠻紙'와 밀접하게 관련되어 있지 않을까 싶다는 거예요. 당시 고구려는 발달된 제지술을 보유하고 있었고 당나라에 고구려 종이 '만지'를 수출해 당나라 문인들이 가장 선호했을 정도였다는 거죠. 그러니 당나라에서 고구려의 제지 기술자들을 스카우트했을 테고, 탈라스 전투 후 고구려 유민이 상당수 포로로 끌려가는 과정에서 제지 기술자도 포함되어 있지 않았을까 추측하고 있는 겁니다.

곽민수 ✦✦ 잘 알려져 있다시피, 고대 이집트의 경우 파피루스를 굉장히 많이 썼죠. 그런데 아무래도 파피루스는 고급 재료이기도 하고 제작도 어렵다 보니, 이집트의 서기들이 파피루스보다 더 자주 쓴 일종의 종이 용지 같은 재료가 있습니다. 바로 석회암편인데요.

**석회암편에 새긴
고대 이집트의 공식 서한.**

　석회암으로 많은 걸 만들었는데, 반드시 '편'이 남아요. 일종의 조각이죠. 거기에 글을 새기는 거예요. 암석이다 보니 무겁긴 하지만 손바닥만 한 정도로 조그맣게 쓰는 경우가 많았죠.
　석회암편에 쓴 글들을 일반적으로 '오스트라콘ostracon'이라고 하는데, 오스트라콘 자체가 본래 토기가 깨어지면서 만들어진 도편을 말하지 않습니까. 고대 그리스 아테네에서 특정 인물을 추방할지 여부를 놓고 시민들이 도편에 이름을 써서 투표를 했죠. 일반적으로 오스트라콘이라고 하면 이 도편을 말하는데, 이집트에선 석회암편 역시 오스트라콘이라고 부릅니다.

들여다보면 정말 유용한 기록들이 많습니다. 파피루스의 경우 공식 기록이나 굉장히 중요한 기록들에만 쓰지만, 석회암편에는 의학 지식부터 세속적인 것에 이르기까지 일상생활에 관한 다양한 기록들이 쓰여 있죠. 그야말로 생생하기 이를 데 없는 당대 기록 증거들입니다.

강인욱 ++ 종이는 나무의 구성 성분인 '셀룰로스^{cellulose}'를 이용하죠. 정확히는 식물의 섬유질만 따로 분리해 탈색, 정제한 걸 펄프^{pulp}라고 하는데, 펄프의 구성 성분 중 50%가 셀룰로스예요. 우리나라 역사에서 종이의 대표격이라고 할 만한 한지의 경우 나무를 찌고 말리고 삶고 두드리고 발로 떠서 다시 말리기까지 하니 부드러우면서도 내구성이 굉장히 강합니다. 종이 이전의 기록 매체라고 할 만한 파피루스, 양피지와는 완전히 다른 기술로 만들어지죠.

허준 ++ 가장 오래된 문서가 「메르에르의 일기」라고 하면 가장 오래된 종이는 언제 나왔나요? 그리 오래되진 않았을 거라고 생각되는데 말이죠.

강인욱 ✢✢ 역사적으로는 고대 중국, 그러니까 후한의 환관 채륜 蔡倫이 서기 105년경에 최초의 종이 '채후지蔡侯紙'를 발명했다고 하죠. 그런데 고고학적으로는 그보다 더 일찍 나옵니다. 채륜이 그동안 없던 기술을 갑자기 발명한 게 아니라는 거죠.

그 이전 전한 시대 때 이미 제지 기술을 갖추고 있었습니다. 다만 글씨를 쓰기 위한 게 아니라 인형 같은 걸 만드는 용도였다고 하죠. 그러니 채륜은 새롭게 발명했다기보다 이전의 기술을 가져와 글씨를 쓰는 용도에 맞게 개량, 체계화하고 공정 방식을 표준화해 제대로 개발한 거라고 볼 수 있겠습니다.

정요근 ✢✢ 우리나라에 남아있는 가장 오래된 종이는 '무구정광대다라니경無垢淨光大陀羅尼經'으로, 경주 불국사 삼층석탑(석가탑) 내부에서 발견되었습니다. 현재 '불국사 삼층석탑 사리장엄구'의 일부로서 국보로 지정되어 있죠. 1966년 석가탑 내부에 봉안된 사리함을 노린 도굴로 석가탑이 파손되자, 유지 보수를 위한 해체 작업 중 2층 탑신에서 발견되었죠. 현존하는, 세계에서 가장 오래된 목판 인쇄물이라는 타이틀로 유명한데요. 1,300년 정도 되었다고 봅니다.

스핑크스에 대한 사이비고고학자들의 해석

허준 ✦✦ 이집트 피라미드, 스핑크스에 관한 미스터리는 파도 파도 끝없이 나오는 것 같습니다. 이를테면 인류의 고대 문명에 대해 '초고대문명설' '외계문명기원설' 혹은 '외계인 개입설' 등이 강하게 주장되곤 하는데, 고대 이집트 문명이야말로 인류의 고대 문명을 대표하거니와 고대 이집트 문명을 대표하는 피라미드, 스핑크스가 그런 주장들의 중심에 있는 것 같아요. 그중에 피라미드와 스핑크스가 다른 시기에 만들어졌다는 주장도 있습니다. 이에 대해 어떻게 생각하시나요?

곽민수 ✦✦ 네, 그렇게 주장하시는 분들이 꽤 많습니다.

이를테면 『신들의 전차』 『신들의 귀환』 등으로 유명한 스위스 출신의 '에리히 폰 데니켄Erich von Däniken'은 피라미드를 이집트인들이 지은 게 아니라 외계인들이 지은 거라고 주장했고요.

『신의 지문』 『신의 암호』 『신의 봉인』 등으로 유명한 '그레이엄 핸콕Graham Hancock'은 스핑크스가 기원전 15000년에서 기원전 5000년 사이에 만들어진 걸 기원전 2500년경에 복원한 거라고 주장하며 피라미드도 2만 년 전에 지었다고 주장했죠.

하지만 정통학계에선 받아들여지지 않는, 유사고고학(類似考古學, pseudoarchaeology, 고고학계 테두리 바깥에서의 과거에 대한 해석을 의미하며, 해당 분야에서 인정하는 과학적이고 분석적인 방법을 부정하는 게 특징)의 한 종류입니다. 사이비고고학이라고도 불리죠.

그리고 몇몇 지질학자가 관찰해 내놓은 주장의 근거로 내세우는 게 몇 가지 있는데, 그중 하나가 스핑크스의 표면에 새겨져 있는 풍화의 흔적과 벽에서 발견된 큰 홈들을 두고 "이건 물에 의한 풍화다" "홍수 때문에 만들어진 것이다"라고 하는 겁니다.

그 정도의 홍수라면 빙하기가 끝났을 때나 있었을 것이고, 과학자가 내놓은 자연과학적인 결론이니까 그걸 근거로 삼아 스핑크스가 만들어진 시기가 사하라 지역이 사막화 되기 이전인 1만 2천 년 전이라고 주장하는 거죠.

허준 ✦✦ 피라미드는 물이 없던 시대에 만들었고 스핑크스는 물이 많던 시대에 만들어졌기 때문에, 스핑크스 표면에 새겨져 있는 풍화의 흔적을 두고 물에 의한 풍화라고 주장한다는 거죠?

곽민수 ✦✦ 네, 그런 식의 논리로 주장하는 겁니다. 문제는 그분들이 내놓은 지질학적, 자연과학적인 결론 자체가 지질학, 나아가 자연과학계 전체에서 매우 소수 의견에 속한다는 거죠.

보통의 일반적인 지질학자는 그렇게 설명하거나 주장하지 않아요. 주류 지질학자의 설명은 피라미드와 스핑크스가 같은 시기에 지어졌고 피라미드와 스핑크스의 풍화는 서로 다르지 않다고 주장하죠.

서구권에는 유사고고학이 존재하는데요. 엄연히 정식 학술 용어입니다. 그들은 전 세계에 퍼져 있는 모든 고대 문명을 하나로 엮고 싶어 해요. 그리고 그 모든 문명권의 배후에 지금 우리가 정확하고 명확하게 실체를 파악할 수 없는 설이 존재하죠.

이를테면 앞서 허준 MC께서 언급하신 '초고대문명설' '외계문명기원설' 혹은 '외계인 개입설' 등이 있는데, 고대 문명이 외계인의 산물(외계인이 기술 전수, 외계인이 직접 만듦 등)이라는 주장과 아득히 먼 과거(예를 들어, 빙하기 이전)에 초고대 문명이 존재했다는 주장이 핵심입니다.

사실 스핑크스가 여러 가지 측면에서 미스터리가 많은 유적

기자의 대스핑크스

이긴 해요. 그럼에도 고고학적인 정황을 놓고 살펴보면 스핑크스는 피라미드와 거의 동시대, 오히려 카프레의 피라미드보다 약간 더 후대에 만들어졌다고 판단하는 게 합리적입니다.

흔히 스핑크스 하면 연상되는 게 카프레의 피라미드 앞의 일명 '기자의 대스핑크스'인데요. 카프레의 피라미드가 고대 이집트 고왕국 제4왕조 제4대 파라오 카프레^{Khafre}의 무덤으로 기원전 2570년경에 지어졌다고 알려져 있는 한편, 카프레의 피라미드 바로 앞에 있는 기자의 대스핑크스는 피라미드 앞에 있는 여러 신전들과의 관계를 살펴봤을 때 더 후대에 만들어졌을 가능성이 매우 높습니다.

오리엔트에 대한 담론 업데이트

허준 ✦✦ '역사' 그리고 '세계사'를 논할 때 빠질 수 없는 개념이 바로 '오리엔탈리즘Orientalism'일 텐데요.

영국령 팔레스타인 태생인 미국 문학평론가이자 서양 현대철학의 한 방면을 담당한 탈식민주의 사상의 선구적인 학자 에드워드 W. 사이드Edward W. Said가 1978년 『오리엔탈리즘』이라는 저서를 내놓으며 전 세계적으로 논란이 계속되고 있다고 알고 있습니다. 50년 가까이 지난 지금은 어떤가요? 업데이트되고 있나요?

곽민수 ✦✦ 네, 역사상 제국주의에서 가장 악당이라고 할 수 있는 영국에서 최근 들어 제국주의 시대에 대한 약간의 반성이 깔려 있는 변화들이 일어나고 있습니다. 관련한 담론을 계속해서 업데이트하고 있죠.

대표적인 게 허준 MC께서 말씀하신 '오리엔트Orient'라는 표현 또는 개념인데요. 오리엔트는 다분히 제국주의적 표현입니다. 유럽의 동쪽을 전부 다 포괄하니, 고대 이집트도 들어가고 현대 한국도 들어가요. 그 지리 공간의 개념이 굉장히 오랫동안 보편적으로 사용되었죠.

그런데 최근 바로 그 오리엔트의 표현과 관련해 이름을 포기한 학교가 있어요. 영국을 대표하는 대학교인 옥스퍼드대학교University of Oxford가 굉장히 오랫동안 '동양학부Faculty of Oriental Studies'라는 이름의 학부를 견지해 왔습니다. 하위 학부에 현대

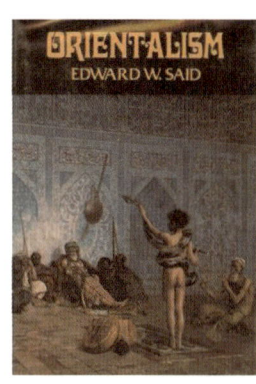

에드워드 W. 사이드의
『오리엔탈리즘』(1978) 초판본.

한국을 연구하는 한국학 전공, 제가 공부했었던 이집트학 전공, 그리고 아시리아 전공이나 동남아시아 전공 또 티베트 전공도 있죠. 유럽 동쪽의 모든 지역, 모든 시대의 연구를 하나로 묶어 놨던 겁니다. 그러던 동양학부를 2022년에 '아시아 및 중동학부 Faculty of Asian and Middle Eastern Studies'로 변경했습니다. 'Oriental' 이라는 단어 사용을 재고하기로 확정한 끝에 내린 결정이었죠.

그리고 미국의 시카고대학교 University of CHICAGO에 이집트학과 메소포타미아학 쪽 연구에 있어 세계 최고의 권위를 자랑하는 '동양학 연구소 Institute for Oriental Studies'라는 기관이 있었는데요. 이곳도 2023년에 'Oriental'이라는 단어 사용을 중단하기로 확정했고 '서아시아 및 북아프리카 고대 문화 연구소 Institute for Studies Ancient Cultures of West Asia and North Africa'로 변경했습니다. '오리엔트'라는 지리적인 담론을 해체해버린 거죠. 이런 면모가 오리엔트에 대해 어느 정도 업데이트되는 모습이라고 생각해요.

박현도 ✢✢ 오리엔트에 대해 업데이트되고 조금씩 변화가 있는 건 고무적입니다. 하지만 'Oriental'이라는 단어 사용을 재고하는 건 굉장히 어려운 게, 이를테면 미국에서 가장 큰 동양학 저널 〈American Journal of Oriental Society〉가 'Oriental'을 재고하는 쪽으로 이름을 바꾸려다가 바꾸지 못한 사례가 있죠. '오리엔트' 개념의 전통이 그만큼 오래되고 공고하다는 겁니다.

우리나라 역사에서의 노비에 대하여

허준 ✦✦ 고대 이집트에 노예가 없었다는 이야기가 있는데, 정말 인가요? 말이 되는 이야기인가요? 그러면 귀족들은 엄청 화려한 생활을 하면서도 피라미드도 짓고, 직접 밥도 지어 먹고요?

곽민수 ✦✦ 노예라는 게 완전히 정착된, 착취만 당하는 계층을 의미하지 않습니까. 그런데 고대 이집트에는 노예 말고 일반 농민도 있었어요. 그리고 귀족들을 시중드는 하인들은 지금으로 따지면 일반 평민 계층이라고 보면 됩니다. 그들이 비록 귀족을 시중들지만 그렇다고 어떠한 자유도 권리도 갖지 못하는 계층은 아니었어요. 그러니까 고대 이집트에선 노동력을 제공하는 일반 계층 사람들을 부리기 위해서 정당한 대가를 지불해야 했던 겁니다.

허준 ✦✦ 우리나라의 경우 고려 시대 들어 본격적으로 공노비와 사노비의 구분이 엄격해지기 시작했다고 알고 있습니다. 정확히 어땠나요?

정요근 ✦✦ 우리나라는 1894년 고종 31년 갑오개혁^{甲午改革} 때까지 신분 사회였습니다. 다만 최하층민인 노비^{奴婢}는 서구의 노예와 같은 존재가 아니었어요.

노예라고 하면 로마 시대의 노예와 미국 식민지 시대의 노예가 대표적일 텐데요, 가족을 구성할 자유도 없고 인간 취급도 제대로 받지 못하는 단순 소유물이었죠. 가축처럼 일만 하는 존재라고 보면 될 겁니다.

따라서 소모품처럼 소비될 테니까 당연히 공급이 많이 되어야 해요. 정복이 활발하게 이뤄진 로마 시대나 노예 사냥을 했던 미국 식민지 시대 때 노예는 공급에 큰 어려움이 없었죠.

반면 신분 사회의 최하층민이 외부에서 넉넉하게 공급되지 않는다면, 소모품처럼 혹사시킬 수는 없고 자체적으로 인구수를 유지하거나 재생산하는 방법을 마련해야 합니다.

그래서 우리 역사 속의 노비는 결혼해서 가정을 꾸릴 수 있었죠. 그렇게 노비들의 삶이 안정되었고 그들에게서 태어난 자식도 노비 신분을 물려받아 노비 인구를 유지할 수 있었던 겁니다. 그런 면에서 우리 역사 속의 노비는 서구의 노예와 최하 신분층이라는 점만 같을 뿐, 다른 점이 많습니다.

우리나라의 경우 삼국 시대부터 쭉 노비가 있었어요. 주지한 것처럼 그들을 가축 부리듯 하지 않았고 그들에게 가족이 없지 않았죠. 심지어 노비가 재차 노비를 부리기도 했습니다. 노비도 능력이 되면 노비를 사들여 부릴 수 있었던 겁니다. 지금으로 따지면, 하청에 재하청을 준 거라고 해도 틀리지 않겠죠.

그런데 따져볼 게 있어요. 지금도 자영업, 그러니까 소규모로나마 자신만의 사업을 하는 게 직장인보다 더 어려울 수 있지 않습니까. 물론 돈을 훨씬 더 많이 벌 수 있는 기회가 있겠지만요.

바로 그 기회의 측면에서, 평민보다 노비가 더 안정적인 삶을 사는 경우도 있었습니다. 이를테면 대지주의 땅을 경작하는 노비라면 최선의 삶은 아닐지라도 최소한의 삶을 영위할 수 있었던 거죠.

허준 ✦✦ 그러면 우리나라 역사상 노비의 인구 비율이 가장 높았던 시기가 언제인가요? 삼국 시대일까요? 아니면 조선 시대?

정요근 ✢✢ 일반적으로 삼국 시대에 가장 많았을 거고 시간이 지날수록 점점 줄어들 거라 생각할 겁니다. 인류 역사가 점점 평등해지는 진보의 방향성을 띠고 있다고 이해하기에 그렇게 생각할 텐데요, 하지만 실제로는 한국사에서 노비 인구 비율이 가장 높았던 때는 조선 시대 전기입니다.

다만 그 대부분은 주인의 집에서 주인과 같이 살며 주인을 시중드는 솔거노비率居奴婢가 아니라, 주인과 따로 살며 독자적으로 생계를 유지한 외거노비外居奴婢였죠.

양반들이 대토지를 소유하면서 안정적으로 경작을 하려면 다수의 노비가 필요했을 겁니다. 그런데 국가로선 손해죠. 노비들은 나라에 세금을 내지 않고, 주인에게만 신공을 바쳤거든요. 그러니 국가에선 노비의 숫자를 줄이고 평민의 숫자를 늘리고 싶어 했습니다. 그러면 국가의 세금 수입이 더 늘어날 테니까요. 반면 대지주는 어떻게든 자기 소유 노비의 숫자를 늘리려고 했죠. 국가의 이익과 지배층의 이익이 서로 상충하는 겁니다.

조선 시대 초기에는 노비종부법奴婢從父法 또는 노비종모법奴婢從母法 중 하나를 택해 부모 중 한쪽이 노비여도 자식들이 무조건 노비가 되진 않았으나, 얼마 되지 않아 '일천즉천一賤則賤' 제도가 확립되어 성종 때 완성된 조선의 법전인 『경국대전經國大典』에도 수록되었죠.

일천즉천 제도는 부모 가운데 한쪽만 노비여도 자식들은 모

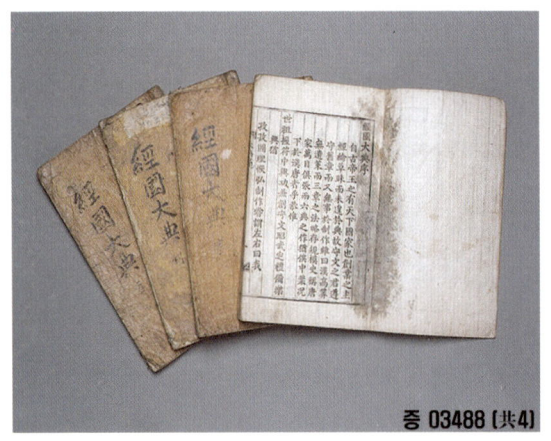
조선의 노비는 『경국대전』을 통해 일천즉천이 확정되었다.
ⓒ국립중앙박물관

두 무조건 노비가 되는 법이었습니다. 이후 조선 후기 영조 때가 되어서야 노비종모법으로 다시 환원되었죠.

일천즉천 제도는 많은 수의 노비를 보유한 양반 지배층에게 노비 증식을 위한 도구로 활용되기도 했어요. 즉 노비끼리의 혼인 대신 노비와 평민을 혼인시키면, 노비끼리 결혼시킬 때보다 자식을 통해 노비의 숫자를 더욱 늘릴 수 있었기 때문입니다.

따라서 양반 지배층은 본인 소유의 노비를 평민과 결혼시키려고 했을 테지만, 나라에선 노비와 평민 간의 결혼을 엄격히 금지했습니다. 평민 수가 줄어들어 나라의 세입원이 감소하는 걸 원치 않았을 테니까요.

노비와 평민 사이의 혼인이 주요 원인이었는지는 분명히 알 수 없지만, 오늘날 한국사 학계에선 조선 전기가 우리나라 역사상 노비 인구의 비율이 가장 높았다는 점에 대체로 공감하고 있습니다.

허준 ✦✦ 그럼 노비가 자유인이 될 수도 있었나요? 조선 후기로 갈수록 사회경제적 변화에 맞춰 노비의 비율이 계속 줄어들었다고 알고 있는데요.

정요근 ✦✦ 단순하게 노비 문서만 없으면 양인이 되는 겁니다. 말씀하신 대로 조선 후기로 갈수록 노비가 줄어들고 평민이 상대적으로 많아져요.

나라에 공을 세운다든지 돈을 모아 나라에 내면 신분 상승이 가능했죠. 재력 있는 노비는 납속納贖을 통해 면천免賤을 허가받고 신분을 상승시킬 수 있었습니다.

조선 후기, 특히 영조 대에 이르면 납속 속량가가 상당히 낮아졌는데 1746년 영조 22년에 편찬한 『속대전續大典』에 따르면 동전 100냥(쌀 13섬)만 바치면 노비는 양인이 될 수 있었죠.

곽민수 ✦✦ 신분 제도는 시대마다 계속 바뀌는 것 같습니다. 고대 이집트에는 노예가 없었다고 말씀드렸는데, 피라미드를 만들던

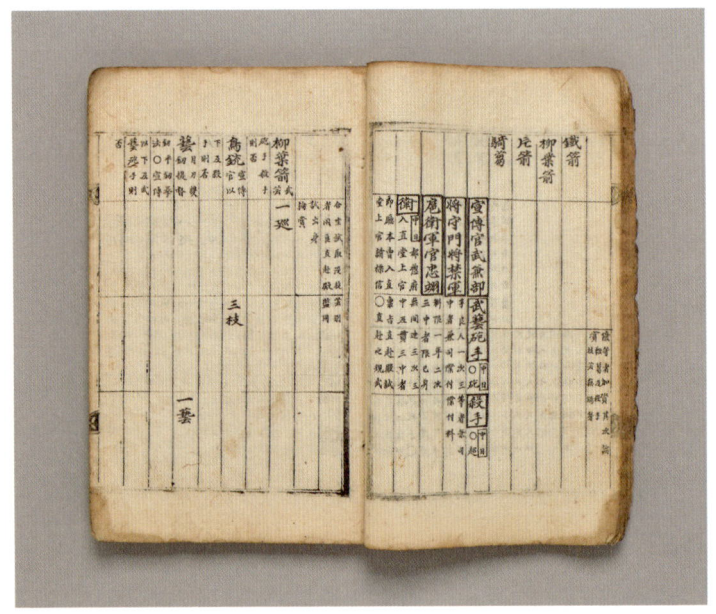

조선의 노비는 『속대전』을 통해 신분을 상승시킬 수 있었다.
ⓒ서울역사박물관

고왕국 시기에는 노예라고 부를 수 있는 비슷한 신분조차 없었어요. 그런데 제1중간기, 중왕국, 제2중간기를 지나 신왕국 시대에 이르면 이집트가 해외로 군사 원정을 많이 떠나면서 전쟁 포로들을 많이 데려옵니다. 팔레스타인, 레반트, 시리아, 누비아 등을 장악해 고대 이집트 역사상 최대 판도를 이룩한 시기였죠.

그러니 약간이나마 노예 공급이 생깁니다. 그래서 노예 시장에서 돈 주고 노예를 살 수도 있었어요. 그렇다고 그렇게 사 온 노예의 신분이 고착화되었느냐 하면, 그렇지도 않았어요.

관련 기록들을 살펴보면, 중산층 정도의 남자가 여자 하인을 사서 일을 시키는데 둘 사이에 자식이 태어나기도 했습니다. 그리고 나중에 그 자식들한테 유산도 물려줘요. 그 얘기는 뭐냐 하면, 소위 노예 출신들도 사유 재산을 가질 수 있었다는 거죠. 그러면 더 이상 노예라고 할 수 없는 거고요.

고대부터 있었던 지도 측량 기술

허준 ✦✦ 19세기 중반 고산자 김정호가 그린 〈대동여지도大東輿地圖〉를 보면 놀라움을 금하기 힘들죠. 어떻게 혼자의 힘으로 한반도를 그토록 오롯이 그려낼 수 있단 말입니까. 그런데 세계 지도의 역사를 훑어보면 대단하다는 말로 제대로 표현할 수 없을 만큼 엄청난 지도들이 많던데요. 대표적으로 몇 개 뽑아 주시죠.

박현도 ✦✦ 1100년대 사람으로 무함마드 알 이드리시Muhammad al-ldrisi라는 무슬림 지도학자이자 지리학자가 유명합니다. 오늘날에는 스페인의 해외 영토지만 당시에는 무슬림 땅이었던 세

1467년 독일의 지도학자 니콜라우스 게르마누스가 그린
〈프톨레마이오스의 세계 지도〉.

우타에서 태어나 코르도바에서 공부했고 시칠리아에서 죽었어요. 그는 가히 어마어마한 지리적 능력으로 기존의 지리 정보를 수집하고 연구해 세계 지도를 그렸죠. 사실 시칠리아 왕의 의뢰로 유럽과 이슬람권의 지리 정보를 종합해 그렸는데, 당대 세계에서 가장 정확한 지도를 만들었습니다.

무슬림의 지도 제작 역사를 살펴보면, 2세기 〈프톨레마이오스의 세계 지도$^{Ptolemaeos'\ map\ of\ the\ world}$〉까지 거슬러 올라갑니다. 그가 집필한 지리서 『지리학^{Geography}』의 서술을 기반으로 제작한 것인데, 경도와 위도선을 최초로 사용했죠. 이후 9세기에 이슬람 지리학자의 손을 거쳐 아랍어로 번역되면서 무슬림 세계에 알려졌고 10세기부턴 무슬림 세계가 직접 지도를 만들고 측량 기술을 발전시키기 시작했어요. 순례 여행, 무역로 개척, 제국 통치 등을 위해 지리적 지식이 요구되었기 때문이죠.

그런데 15세기에 이르러선 유럽에 밀리기 시작하죠. 15세기 초에 『지리학』이 라틴어로 번역되면서 유럽의 지리학 관념에 큰 영향을 미쳤습니다. 16세기부턴 대항해 시대가 열리면서 유럽의 신대륙 발견이 가속화되었고 지리학 이론의 필요성이 대두되었죠. 지리학이 발전하지 않을 도리가 없었던 겁니다.

곽민수 ✦✦ 고대 이집트 지도의 경우 지금까지 확인된 종이 지도 실물 중에서 가장 오래된 건 〈토리노 파피루스 지도$^{Turin\ Papyrus}$

Map〉예요. 이탈리아의 토리노 이집트 박물관Museo Egizio Torino에 보관되어 있어 그렇게 이름을 붙였다고 하죠. 정확한 제작년도도 나와 있는데요, 기원전 1150년경에 제작되었죠. 그러니까 신왕국 시대에 그려진 겁니다. 실용 지도고요, 파라오의 석상을 제작하고자 사암을 채취할 목적으로 와디 지역의 와디 해머마트Wadi Hammamat라는 채석장을 가야 했는데 그곳에서 확보할 수 있는 여러 석재의 종류를 공간적으로 표시해 놓았죠. 채석 원정대가 갖고 다니면서 사용했을 거라 추정되는 만큼, 굉장히 정교하게 접을 수 있거니와 휴대가 간편하다는 의미가 있습니다.

이 지도가 세계에서 가장 오래된 지형도 또는 지질도로 알려

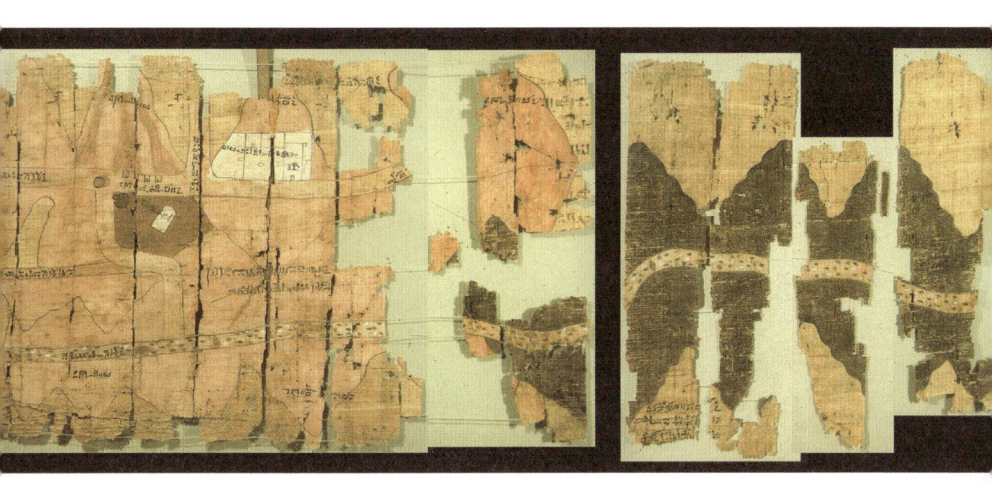

〈토리노 파피루스 지도〉의 조각들.

져 있는데요, 물론 더 이전 시대의 지도들도 분명히 있었을 거라 생각합니다. 비록 아직 확인되고 있진 않지만, 추측해볼 수 있는 것의 하나가 뭐냐면 기원전 1274년 고대 이집트 신왕국 시대 때 발발한 카데시 전투Battle of Kadesh예요.

이집트와 히타이트 간의 전투로, 당시 이집트가 사용한 전략을 보면 레반트의 지형적 특성에 대해 굉장히 상세히 알고 있다는 게 확실하죠. 본대가 싸우고 있을 때 예비 병력의 별동대가 우회해서 침투하는 모습을 보고 추측할 수 있습니다. '별동대는 분명 매우 정확한 공간 정보가 있는 자료를 활용했을 것이다, 그리고 그 자료는 아마도 지도일 것이다' 하고 말이죠.

박현도 ✦✦ 서구 이슬람 학자 셸로모 도브 고이타인Shelomo Dov Goitein은 이슬람 문명을 두고 '중간자 문명Intermediary civilization'이라고 합니다. 그리스의 뛰어난 학문을 이슬람 세계가 조직적이고 체계적으로 받아들였고 그 지식이 중세 서구에 전해져 서구인들이 배우고 익히면서 더욱 발전시켜 과학 문명을 이뤘기에 이슬람 문명에 그런 이름을 붙인 거죠. 로마 제국, 즉 서구는 비록 욕을 많이 먹지만 교황청이라는 중심을 갖고 계속 응집되어 있어서 모든 게 그곳을 통해 이뤄지지 않습니까. 반면 이슬람은 중심, 즉 구심점이 없어요. 왕은 있을지 모르지만 구심점이 될 만한 종교 지도자는 없었죠.

그런 점에서 이슬람은 정작 서구가 잃어버렸던 그리스의 뛰어난 문화를 받아들이고 살려 발전시켜놓곤 다음 단계로 나아가지 못했던 게 아닌가 싶습니다.

곽민수 ✦✦ 저는 전 지구적으로, 역사적으로 헤게모니의 변환이 계속해서 일어났다고 생각합니다. 그런 면에서 이슬람 문명을 중간자 문명이라고 했지만, 사실 고대 이집트 관점에서 보면 그리스가 오히려 중간자 문명이에요. 이집트나 메소포타미아 문명을 중심으로 놓고 보면 이집트에서 넘어갔다가 넘어왔다가 다시 넘어갔다가 넘어올 수도 있는 거죠.

강인욱 ✦✦ 저는 지도 결정론 또는 지도 패권론이라는 게 근대 이후 서방이 전 세계를 지배하면서 화력이 극대화되었기 때문에 가능한 이론이라고 생각합니다. 과거, 예컨대 칭기즈 칸이나 티무르 때를 보면 지도 없이 정복 활동을 이어갔거든요.

만약 그들이 상세한 지도를 만들어 가면서 정복 활동을 했다면 오히려 정복하지 못했을 수도 있다고 봅니다. 그들은 정복 활동을 영토 확장의 개념이라기보다 패권을 가져오고 전리품을 얻는 식이라고 생각했으니까요. 애초에 기본 목적이 달랐죠.

그런 식으로 생각해보면 지도라는 건 필요한 경우가 있고 필요한 사람이 있는데요, 중국의 경우 만리장성이 공간을 인식하는 데 큰 전환점을 이뤘습니다. 거점 위주의 역사에서 영토 위주의 역사로 바뀌는 패러다임의 전환을 의미하죠. 그전까진 성 하나만 차지하면 될 뿐 근처의 자잘한 마을까지 점령할 필요는 없었습니다. 점령한 성에서 알아서 주변 마을로부터 소출을 거둬 세금을 바치는 식으로 자연스레 흡수하는 방식이죠.

그렇게 거점들을 서로 이어 연결하는 '선'과 같은 영토 전쟁에서 만리장성이 만들어지며 '면'이 중심이 된 것인데요, 진시황의 만리장성 개축과 보수는 공간에 대한 패러다임의 전환을 가장 잘 보여주는 예입니다. 공간에 대한 인식이 대두되면서 비로소 지도가 제 역할을 하게 되었다고 생각합니다.

진시황, 그리고 지도와 관련된 흥미진진한 이야기가 전하는데요, 중국에서 나온 최초의 지도 기록이 바로 진시황과 관련되어 있기 때문입니다.

진시황을 암살하고자 연나라의 태자 단이 자객 형가를 보내는데, 연나라 곡창 지대 지도와 진시황의 미움을 받아 연나라로 망명했던 진나라 항장 번오기의 목을 딸려 보내죠. 그걸 보고 진시황이 기뻐하면서 알현을 허락했고, 형가는 말려진 지도 속에 단도를 감춰 갔지만 결국 암살에 실패하고 맙니다.

이와 관련해 '도궁비현圖窮匕見'이라는 한자성어도 있습니다. 지도의 끝에 단도가 보인다는 뜻으로, 우호적인 척하면서 상대를 안심시키다가 공격을 가하려는 상황을 의미합니다.

나침반 없어도 가능했던
고대의 바다 네트워크

허준 ✦✦ 통일신라 시대 '바다의 신' 또는 '해상왕'이라고도 불린 장보고 있지 않습니까. 당나라에서 특출난 군사적 재능을 선보이며 고위급 직책을 받은 후 신라로 돌아와 군대를 확보해 청해진을 세운 후 해적을 토벌하고 해상권을 장악하며 여러 나라와의 무역으로 막대한 부까지 이룩한 바로 그 장보고 말이죠.

그에 관해 궁금증이 이는데요, 과연 그는 나침반을 사용했을까요? 그렇지 않다면 어떻게 동북아 일대에서 그토록 광범위한 네트워크를 형성할 수 있었을까요?

강인욱 ✦✦ 25년 전 학부생 시절, 선배들 덕분에 완도 청해진 유적 발굴에 잠깐 참여한 적이 있습니다. 그래서 직접적으로 전공은 하지 않았지만 관련해 한마디 거들 수는 있을 것 같습니다.

장보고가 활동한 당시 물론 나침반이 있었을 수도 있지만, 굳이 나침반이 아니어도 충분히 대양 항해가 가능했거니와 광범위한 바다 네트워크를 형성할 수 있었다고 봅니다. 또 나침반에 관한 유물이 발굴되지도 않았고요.

완도 옆에 장도라는 섬이 있어요. 거기서 보면 상당히 가까운 섬은 물론 상당히 먼 섬도 한눈에 잘 들어옵니다. 물론 그 섬에 관한 정보들도 상당히 잘 보이고요.

옛사람들이 뱃길을 잘 아는 방법이 있는데, 섬에서 배로 부딪혀 오는 파도의 파장으로 판단합니다. 이를테면 남태평양 군도에 있는 사람들을 보면 몇백 킬로미터 떨어진 섬으로부터 오는 파장으로 항해 방향을 알 수 있다는 게 이미 민족지적으로 증명되었죠. 그러니까 항해를 하다 보면 배에 다양한 종류의 파장이 부딪혀 와요.

관련해 가장 큰 논란이 뭐였냐면, 고대 사람들은 어떻게 태평양을 건널 수 있었느냐 하는 거예요. 관련 지식도 없이 말입니다. 그래서 실험을 하고 자료를 모아 보니 나침반이나 해가 없이도 수백 수천 킬로미터 떨어진 곳까지 정보를 충분히 얻을 수 있었다는 거죠.

완도 청해진 유적 방책.
ⓒ한국민족문화대백과사전

    동아시아의 경우 9세기까지를 원시항해술 시대로 간주하는데, 장보고가 활동했던 때도 그에 해당할 겁니다. 그때의 기본 항해술은 세 가지로 나눠볼 수 있는데, 선원들이 눈으로 직접 확인하며 거리와 방향을 관측하는 항해술이 있었을 테고요. 주간에는 태양을, 야간에는 달이나 북극성을 기준으로 거리와 방향을 관측하는 항해술이 있었을 겁니다. 배로 부딪히는 파도의 파장으로 거리와 방향을 관측하는 항해술이 발달되어 있었죠.

1582년경 만든 지중해 지역 전체 지도.

곽민수 ✦✦ 저도 관련하여 한 말씀 드리겠습니다.

지중해 세계에서 기원전 2000년경부터 크레타섬에서 시작된 미노스 문명과 이집트, 메소포타미아, 레반트, 그리스, 미케네 문명들이 지속적으로 교류를 했어요.

지중해를 둘러싼 문명들이니까 당연히 서로 교류를 했을 거라 생각하기 쉽지만 지중해는 한반도 서쪽의 황해보다 훨씬 큰 바다예요. 그러니 결코 쉽게 교류할 수 없었죠.

연안을 따라 항해하는 게 보통의 일반적인 항해 방법이었지만, 지중해에는 섬이 많지 않습니까. 특히 크레타섬의 경우 육지에서 굉장히 멀리 떨어져 있고요. 그럼에도 크레타섬까지 충분히 자주 오갔죠. 그 교류의 흔적을 보면 다이내믹해요.

구체적으로 뚜렷한 문헌 증거가 있는 건 아니지만 관련 유물들로 확인할 수 있습니다. 오랜 시간에 걸쳐 유물들이 지속적으로 발굴되다 보니, 앞서 말한 지역들뿐만 아니라 다양한 지역에서 이 지중해 네트워크망을 지속적으로 이용했을 거라 추측할 수 있는 거죠.

기원전이라면 나침반이, 그것도 제대로 된 나침반이 실용적으로 활용되었을 거라 생각하기 쉽지 않죠. 그런 측면에서 저 또한 고대에는 나침반이 없어도 충분히 광범위한 해상 네트워크를 형성할 수 있었을 거라고 생각합니다.

고대부터 이어진 관상의 중요성

허준 ✦✦ 미국 제16대 대통령 에이브러햄 링컨^{Abraham Lincoln}이 이런 말을 했다죠. "나이 마흔이 넘으면 자기 얼굴에 책임을 져야 한다"라고 말이죠. 그동안의 경험이 얼굴에 반영되니 얼굴에 책임을 진다는 말은 곧 자신이 하는 모든 것에 자신이 책임져야 한다는 뜻으로 들립니다.

그런 한편 '겉으로 드러난 생김새'라는 단순한 뜻의 관상과 생김새로 성격과 기질을 파악하는 관상학의 측면에서 들여다볼 수 있겠는데요.

강인욱 ✦✦ 제가 한창 공부했을 때까지만 해도 인류학의 하위 분과 중에 형질인류학이라고 있었는데요. 사람의 두개골을 두고 눈두덩의 크기, 코의 높이를 일일이 계측해 통계를 내면 그걸로 인종을 분류했죠. 또 장두형, 중두형, 단두형으로 나눠 인종을 분류하기도 했고요.

지금은 인종학이라고 해서 터부시되고 있지만 사실 일정 정도는 맞았어요. 문제는 계측하고 통계를 아무리 내도 오차가 많고 또 DNA 기술이 발달하면서 사장되어버렸습니다.

그런데 불과 얼마 전까지도 고고학적으로 발굴할 때는 무조건 인간의 두개골을 따로 분류해 다뤘어요. 인간의 진화적인 특성들이 총체적으로 모여있는 곳이 얼굴이라고 믿었기 때문이죠. 또 혹자는 인간 삶의 모든 과정이 뼈에 녹아있다고 말하는데요. 한 개인뿐만 아니라 인류 전체의 진화 과정이 뼈에 녹아들 수 있다고 주장합니다.

제가 공부한 곳이 러시아인데 그곳에선 민족학의 개념이 깊고 오래 남아있었어요. 잘 아는 어느 분은 고인돌의 이빨에 남겨진 접합면occlusal의 홈과 형태를 인간의 진화와 이주 같은 중요한 문제를 연구했죠. 거기에 진화의 비밀이 있을 거라고 확신한 채 말입니다. 하여 검증을 하는데 맞으면 학설이 되는 것이고 맞지 않으면 그냥 넘어갔어요.

허준 ✦✦ 관상은 동양에서만 주요하게 다뤄지는 걸로 알고 있는데요. 동양 아닌 다른 곳에서도 관상이 주요하게 다뤄졌나요?

곽민수 ✦✦ 관상의 경우 동양 말고도 굉장히 많은 곳에서 주요하게 다뤄졌습니다. 이를테면 고대 메소포타미아 지역에서도 관상학과 관련된 기록들이 많이 나와요. 심지어 굉장히 구체적이기까지 하죠.

비뚤어진 얼굴에 오른쪽 눈이 튀어나와 있으면 "고향을 떠나 개들한테 물려 죽을 관상이다"라는 기록이 남아있을 정도입니다. 비록 과학적 근거는 없지만 그런 류의 담론들이 수천 년 전

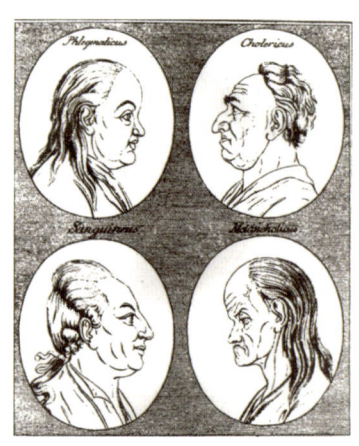

요한 카스퍼 라바터의 「인간의 지혜와 선을 평가하는 관상학적 요소들」 목판화 이미지.

에도 동양 아닌 곳에서 존재하고 있었다고 할 수 있겠습니다.

사실 관상학은 서양에서 상당히 체계화되었는데요, 18세기 스위스의 관상학자 요한 카스퍼 라바터Johann Kaspar Lavater가 근대적 의미의 관상학을 정초했다고 할 수 있겠죠.

그는 「인간의 지혜와 선을 평가하는 관상학적 요소들」이라는 글로 유럽 전역에서 큰 반향을 일으키기도 했는데요. "인간의 본성은 얼굴에 나타난다. 그렇기 때문에 범죄자를 구별할 때 관상학을 사용하는 게 합리적이다."라고 주장하기도 했습니다.

하지만 이처럼 관상과 범죄를 결부하는 발상은 이후 우생학(인간의 유전형질 가운데 우수한 것을 선별, 개량해 인류 전반의 유전적 품질을 향상시킬 수 있다고 보는 유사과학으로 현대 생물학계에선 폐기되었다)으로 이어지고 나아가 인종차별이나 인종학살의 근거로 사용되었기에 굉장히 위험하다고 할 수 있겠습니다.

구독자들의 궁금증
네 번째

Question 1

이집트에서 가장 발굴하기 어렵다고 여기는 지역은 어디인가요?

곽민수 ✦✦ 이집트는 일반적으로 느끼고 계시는 것과는 달리 특별히 오지가 아닙니다. 발굴이 이뤄지고 있는 대부분의 현장 인근에서 여전히 사람들이 살아가고 있죠. 물론 발굴 현장은 대부분 야외에 위치하고 있기 때문에, 현장에서 작업을 하다 보면 야외에서 이뤄지는 작업이 갖는 어려움을 그대로 경험하게 됩니다.

예컨대 이집트는 더운 곳이다 보니 여름철에는 기온이 40도, 심할 때는 50도까지 오르는 경우들이 있고요. 또 사막 지역인

만큼 바람이 부는 날에는 온몸이 모래투성이가 될 각오도 해야 합니다.

그리고 발굴 현장은 시골에 위치한 경우가 많기 때문에 도시 생활에 익숙한 고고학자들에겐 다소 불편한 상황들이 발생하기도 하죠. 이를테면 전기가 끊긴다거나 수도가 끊기는 것과 같은 상황에 직면하는 것인데, 일상적 불편함을 야기하긴 하지만 그렇다고 발굴 자체를 어렵게 만드는 건 아닙니다.

저도 이집트의 사이스^{Sais}나 텔 무투비스$^{Tell\ Mutubis}$ 같은 곳에서 발굴 작업에 참여한 적이 있는데, 정전과 단수가 빈번하게 일어났죠. 처음에는 상당히 불편했지만, 반복해 경험하다 보니 금세 익숙해졌습니다.

물론 사막 깊숙한 곳의 고대 캠프나 채석장 유적 등의 발굴은 애초부터 사람들이 살지 않는 곳에서 작업하는 만큼, 훨씬 더 많은 준비로 야외에 캠프를 꾸려야 합니다.

---- **Question 2** ----

서구권의 박물관들 가운데는 이집트 유물들을 소장하고 있는 곳이 많습니다. 그곳에서 소장하고 있는 이집트 유물들이 언젠가 이집트로 반환될까요?

곽민수 ✦✦ 영국 런던의 영국 박물관^{British Museum}이라든가 프랑스 파리의 루브르 박물관^{Musée du Louvre} 같은 곳들은 꽤 자주 '약탈품 전시장'으로 일컬어집니다. 그러나 이런 이해는 다소 과장된 것입니다.

이들 서구권 박물관의 이집트실 전시품 가운데 상당수는 분명한 약탈 문화재지만, 또 상당수는 유물이 반출되던 당시 기준으로 적법한 절차를 거쳐 반출된 것들이죠. 20세기 초반까지만 하더라도, 이집트 정부는 외국 발굴단에 의해 발굴된 유물들을 이집트 측과 발굴단 측이 반반 나눠 소유하는 정책을 취하고 있었습니다.

그럼에도 불구하고 약탈 문화재들도 다수 있습니다. 이들 약탈 문화재 가운데 가장 널리 알려진 소위 '이집트 3대 약탈 문화재'가 있는데, 영국 런던의 영국 박물관이 소장한 로제타석^{Rosetta Stone}, 프랑스 파리의 루브르 박물관이 소장한 덴데라 황도대(천궁도, Denderah zodiac), 독일 베를린의 신 박물관^{Neues Museum}이 소장한 네페르티티 두상Nefertiti Bust이 바로 그것입니다. 이 유물들은 유명세와 중요성이 매우 높을 뿐만 아니라 논란의 여지가 없는 약탈 문화재인 만큼, 이집트 정부는 지속적으로 반환 요청을 하고 있죠.

하지만 서구 국가들은 오랫동안 이집트 측이 관리 역량이 부족하다는 이유로 유물 반환을 거부했습니다. 그런데 최근 대이집트 박물관Grand Egyptian Museum이 가개관을 했고, 올 연말 정식 개관도 예정되어 있습니다. 대이집트 박물관은 현시점을 기준으로 세계 최고의 이집트 박물관입니다. 이집트 측의 유물 관리 역량이 부족하다던 서구 국가들의 명분은 더 이상 유효하지 않게 된 셈이죠.

그렇기에 정확한 시점은 알 수 없으나, 한 세대 내에 적어도 유물의 소유권만큼은 이집트 측으로 반환될 가능성이 크다고 생각합니다.

5장

우리가 미처 알지 못했던 이야기들

인구의 95%가
영토의 4%에 사는 이집트

허준 ✦✦ 세계 인구의 분포를 보면 90% 이상이 북반구에 살고 있고 10% 미만이 남반구에 살고 있다고 하는데요. 그러니 인구밀도가 높은 나라 또는 지역이 있기 마련이죠.

와중에 우리나라의 경우 세계적으로 인구밀도가 가장 높은 축에 속하는데요. 다른 나라의 경우 어떤가요? 대한민국보다 더 심한 나라도 있나요?

곽민수 ✦✦ 이집트의 경우 나라 전체의 인구밀도는 그리 높은 편은 아닙니다, 평범한 수준이죠. 그런데 가용면적으로 따지면, 즉 삼각주와 나일강 유역의 인구밀도는 세계 최대 수준인 방글라데시와 맞먹을 정도예요.

이집트 전체 면적의 약 4%에 전체 인구의 약 95%가 거주하고 있으니 심각하다고 말해도 이상하지 않을 겁니다. 이집트의 땅 크기는 남한 면적에 열 배가량 되지만 이집트 땅의 96% 정도가 사람이 살기 아예 불가능하거나 아주 힘든 사막이기 때문이죠.

특히 이집트는 전 세계에서 가장 빠른 속도로 인구가 늘어나고 있어요. 2020년 최초로 1억 명을 돌파한 후 2025년 현재 1억 2천만 명에 육박하고 있습니다. 인구밀도도 심각하지만 인구 증가율도 심각한 수준이죠. 이집트가 지금 가장 고민하고 있는 부분이에요.

하여 고대 이집트 문명에 관한 잘못된 표현 중 하나가 '사막에서 꽃피운 문명'이라는 표현입니다, 잘못된 표현이죠. 고대 이집트 문명은 나일강 유역에서 탄생했고 인구의 위치적 측면도 여전히 유지되고 있어요.

이를테면 이집트의 큰 도시들은 전부 다 나일강 유역에 있고요. 그러니 고대 이집트 문명을 두고 '사막에서 꽃피운 문명'이 아니라 '강변에서 꽃피운 문명'이라고 하는 게 맞습니다.

물론 주지했듯 이집트의 96% 정도는 사막 또는 불모지예요. 그러니 이집트를 연상할 때 사막이 따라오지 않을 수 없을 테

나일강 유역 지도.

고 자연스레 이집트 문명도 사막에서 탄생했다고 생각하기 쉽죠. 그러나 명백히 고대 이집트 문명은 사막이나 불모지가 아닌 나일강 유역에서 탄생했고 지금까지 유지되고 있습니다. 다만 20세기 후반부터 인구 밀집이 너무 심각하다 보니 사막 쪽으로 신도시를 개발하는 노력을 펼치고 있죠.

허준 ++ 말씀하신 것처럼, 나일강은 이집트 문명의 시작을 함께 했고 이후 수천 년 동안 그 지위를 유지해 왔을 정도로 중요한 강일 텐데요. 그 규모는 어느 정도인가요?

곽민수 ++ 일반적으로 나일강이 세계에서 가장 긴 강으로 여겨지고 있죠. 약 6,650km에 달합니다. 우리나라를 대표하는 강이자 네 번째로 긴 강인 한강이 514km 정도인데, 나일강이 약 열세 배 길죠. 대략의 규모를 상상할 수 있을 겁니다.

또한 나일강은 동아프리카에 있는, 세계에서 세 번째로 큰 호수인 '빅토리아호'에서 발원해 이집트까지 여러 나라를 거쳐 흐르는 만큼 엄청 많은 기후대를 지납니다. 그러니 단순히 규모를 따지는 게 큰 의미를 지니지 않는다고 할 수 있겠죠.

박현도 ++ 곽민수 소장님이 말씀하신 것처럼 흔히 고대 이집트 문명을 사막 문명이라고 생각합니다. 나아가 이집트를 포함한 중동 하면 무조건 사막에서 탄생한 문명이라고 생각해요. 그런데 다시 한번 생각해보면 사막에서 어떻게 문명이 나올 수 있겠습니까. 강이 있어야 문명이 나올 수 있겠죠.

이른바 세계 4대 문명을 봐도, 이집트 문명의 경우 나일강에서 시작되었고 메소포타미아 문명의 경우 티그리스강과 유프라테스강에서 시작되었죠. 인더스 문명은 인더스강에서, 중국 문명은 황허강에서 시작되었고요.

사람이 많지 않은 지역의 당황스러운 문화

허준 ✦✦ 1960년에 나온 영화죠. 명감독 니콜라스 레이 감독이 연출하고 명배우 안소니 퀸이 주연으로 나온 〈야생의 순수The Savage Innocents〉를 보면 이누이트가 손님에게 자기 아내를 빌려줬다고 묘사되어 있죠. 관련해서 이누이트는 근친상간도 일삼는다는 루머가 있는데요. 진짜로 그러한지요? 또는 일부만 그러한지, 아예 헛소리인지 궁금합니다.

강인욱 ✦✦ 결론부터 말씀드리자면, 이누이트의 일부가 손님에게 자기 아내를 빌려줬다고 하죠. 오지 중에서도 오지로, 인구가 특히 적은 곳에서도 아주 가끔 일어났던 일이라고 합니다. 하여 전체를 관통하는 풍습이라고 할 순 없겠고요.

그걸 미개한 사람들의 풍습으로만 치부할 게 아닌 게, 오지에 사는 경우 근친상간이 큰 문제였다고 합니다. 들여다보면 근친혼을 하고 싶어서 한 게 아니고, 북극이라는 고립된 환경 아래 적은 인원이 살아가며 외지인을 아예 못 만나다시피 하다 보니 생존을 위해 어쩔 수 없이 근친상간을 할 수밖에 없을 때가 있었다죠. 하지만 근친상간은 유전병을 불러일으킵니다. 하여 손님에게 자기 아내를 빌려주는 행위는 근친상간으로 인한 부작용을 예방하기 위한 고육지책이 아니었을까 추측해봅니다.

통구스카 대폭발로 불에 타고 쓰러진 나무들.

북극에 얼마나 사람이 살지 않았냐 하면, 예를 하나 들어보겠습니다. 1908년 6월 30일 아침에 러시아 제국 시베리아 크라스노야르스크 지방의 포트카멘나야 퉁구스카강 유역 삼림지대에 소행성이 떨어져 공중에서 대폭발이 일어났죠. 이른바 '퉁구스카 대폭발Tunguska Event'이라고 하는데요.

폭발 규모는 약 15메가톤으로 히로시마 원자폭탄의 약 1천 배였고 피해 면적은 약 2,150km^2로 서울의 3.5배 분량이었으며, 약 8천만 그루의 나무가 쓰러졌다고 합니다. 또 당시 한밤중이었던 유럽에선 신문을 읽었을 정도로 일시적인 백야 현상이 나타났다고 해요. 인류 역사상 미증유의 대폭발이었죠.

그런데 공식적 통계로는 세 명이 목숨을 잃었어요. 당시 러시아 제국이 내외적으로 터진 초대형 사건들로 매우 혼란한 상황이었기에 제대로 조사를 할 수 없었고 13년이 흐른 1921년에야 제대로 된 조사를 할 수 있었죠.

그만큼 시베리아, 즉 북극의 인구밀도가 터무니없이 낮았다는 겁니다. 오래전부터 도무지 사람이 살 수 없는 곳이었다는 거죠. 그러니 근친상간이 가장 큰 문제가 될 수밖에 없었고, 외지인이 오면 어떻게든 결혼을 시키려고 했던 거예요.

곽민수 ✦✦ 문화 현상을 관찰할 때 맥락을 살펴보는 게 중요한 것 같습니다. 일반적으로 갖고 있는 상식이나 직관으로 평가하는 게 아니라, 특정 문화 현상에 관련해 상하좌우 모든 걸 최대한 자세하게 파악해야 한다는 거죠.

박현도 ✦✦ 곽민수 소장님께서 정말 중요한 말씀을 하셨는데, 제가 반우스갯소리로 받아보면요. '중동 사람들은 왜 그렇게 빠릿빠릿하지 못한가' 하는 농담 아닌 농담이 있는데요. 들여다보면 너무나도 더운 중동에서 빠릿빠릿하게 뛰어다니면 죽겠죠. 환경적 맥락의 본질을 파악하지 않은 채 현상만 보니 그런 말이 나올 수밖에 없다고 생각합니다.

그리고 강인욱 교수님께서 말씀하신 이누이트의 근친 문화 이야기를 받아 말씀드리자면요. 무슬림 국가들은 사촌과 결혼을 많이 하는 편입니다. 당연히 유전병이 많이 생기겠죠. 수년 전에 사우디아라비아의 한 여성 의사가 논문을 발표했는데, 사우디아라비아에서 태어난 신생아 중 유전적 기형이 20%에 달한다고 했을 정도예요.

그럼에도 왜 중동 지역에서 근친혼이 많았냐 하면, 아마도 재산 문제 때문이지 않나 싶습니다. 같은 집안끼리 결혼을 해야지만 재산이 보호되니까요. 그러다 보니 중동 지역에선 가족 관념이 남다를 겁니다.

지도에 없는
미승인 국가들 이야기

허준 ++ 어렸을 적 생각해보면 전 세계 국가가 채 200개가 안 되었던 것 같습니다. 그런데 어느 때부터인가 200개가 넘었고 지금은 200개 국가가 훌쩍 넘는다고 하더군요. 물론 어느 기관에서 어느 기준으로 보느냐에 따라 다르긴 하지만요.

곽민수 ++ 제가 알기로 지금 일반적으로 통용되고 있는 전 세계 국가의 수는 203개예요. 허준 MC께서 말씀하신 것처럼 그보다 훨씬 많은 수를 말하고 있는 기관도 있죠.

그런데 그 와중에 미승인 국가들이 상당히 많습니다. 주권,

영토, 국민이 하나의 독립된 정치체로 인정을 받아야 하는데, 인정을 아무도 해주지 않거나 인정을 해주더라도 일부만 해주는 식이에요.

203개국 중에서도 유엔 기준으로는 국가로 치지 않는 정치체들이 있죠. 이를테면 바티칸과 팔레스타인이 대표적인데요, 두 국가의 경우 유엔 옵저버(유엔에 정식 의석을 갖고 있지 않지만 회의나 활동에 참가하고 있는 미가맹국)입니다.

또 조선민주주의인민공화국, 즉 북한의 경우도 있는데요. 우리나라에선 북한을 국가로 규정하고 있지 않습니다. 대한민국 헌법 3조를 보면 '대한민국의 영토는 한반도와 그 부속도서로 한다'로 규정되어 있으니까요. 하지만 유엔의 기준으로 북한은 국가예요. 우리나라와 북한은 1991년 동시로 유엔에 가입한 바 있죠. 북한은 엄연히 유엔 회원국이라는 것입니다. 반면 북한도 2023년까지 대한민국을 국가로 인정하지 않았지만 2024년에 국가로 인정했죠.

그리고 중화민국, 즉 대만의 경우 유엔 비회원국이지만 일부 유엔 회원국에게 승인을 받았어요. 코소보를 비롯해 몇몇 나라가 비슷한 경우죠. 그런가 하면 중화인민공화국, 즉 중국이나 이스라엘, 우크라이나, 아르메니아 같은 경우 엄연한 유엔 회원국이지만 일부 유엔 회원국에게 승인을 받지 못했어요.

강인욱 ✦✦ 국가라는 게 자체적으로 규정하는 한편 서로 인정하거나 인정하지 않는 등 다양한 경우가 있습니다. 그러니 우리가 국가라고 알아채기 힘든 나라가 많아요.

1920년대 러시아 극동 지역에서 '극동 공화국Дальневосточная Республика'이라는 나라가 설립되죠. 당시 러시아에서 적백내전이 일어나 적군과 백군이 치열하게 싸우는 와중에, 시베리아를 백군과 일본군이 뒤엉켜 장악한 상황이라 모스크바의 적군 세력과 극동 지역의 적군 세력이 분리되어 있다시피 했어요. 그러니 적군 입장에서 극동 지역 내 독자적 세력, 나아가 독자적 정권이 필요했고요. 하여 개별 국가로 독립을 시켰죠. 불과 3년도 되지 않아 백군이 항복하면서 러시아 소비에트 연방 사회주의 공화

투바 공화국의 1,000루블 지폐.

국, 이른바 소련이 설립되며 편입되어 자연스레 소멸했습니다.

그런가 하면 현재 러시아 연방의 시베리아 연방관구 소속 '투바 공화국$^{Республика\ Тыва}$'의 경우 과거 외몽골의 일부로 청나라 영토였는데 1911년 청나라로부터 독립한 후 1914년에 러시아 보호령으로 1944년 소련에 합병되기까지 지속되었죠. 물론 소련과 몽골에서만 인정받았지만요.

잠깐 있다가 사라진 극동 공화국이나 잠깐 명목상 독립했던 투바 공화국이 미승인 국가의 대표적 예라고 할 수 있겠습니다.

박현도 ✛✛ 중동에도 미승인 국가들이 꽤 있습니다. 앞서 곽민수 소장님이 말씀하신 팔레스타인이 대표적일 텐데요. 팔레스타인은 대다수 유엔 회원국이 승인한 참관국으로, 여전히 정식 국가로 승인되느냐 마느냐의 기로에 서 있죠.

모로코와 영토 분쟁 중인 '사하라 아랍 민주 공화국$^{Sahrawi\ Arab\ Democratic\ Republic}$'의 경우 서사하라 전체를 자국의 영토로 간주하고 있지만 실상 일부만 실효 지배하고 있어요. 나머지는 모로코가 실효 지배하고 있고요. 그래서인지 불과 몇십 개의 유엔 회원국만 국가로 승인하고 있는 실정이죠. 보통의 세계 지도를 보면 모로코와의 국경선을 점선으로 표시하고 있습니다.

중동에도 국가가 생겼다 사라져버린 케이스가 있는데, 대표적으로 1946년에 생겼다가 1년여 만에 멸망한 '마하바드 공화

1946년 카지 무함마드가 마하바드 공화국을 수립하다.

국Komara Kurdistanê'과 '아제르바이잔 인민정부Azerbaijan People's Government'가 있어요. 그중 마하바드 공화국은 소련의 도움으로 쿠르드족이 수립한 최초의 쿠르드 독립 공화국이죠. 하지만 소련군이 철수하고 이란 제국이 다시 차지하면서 사라졌습니다.

중동에는 지금도 국가를 만들고 싶어하는 사람들이 있어요. 예를 들면 이란 남쪽의 발로치스탄Balochistan, 발로치인이 사는 땅이라는 뜻으로 그들은 발로치스탄 국가를 만들고 싶어합니다. 하지만 그들은 이란, 파키스탄, 아프가니스탄 세 나라에 걸쳐 살고 있으니 하나의 국가를 만드는 건 사실상 불가능하죠.

강인욱 ✦✦ 극동 지역의 경우 적백내전 당시 만들어졌다가 사라진 경우가 부지기수인데요. 1924년 퉁구스족이 봉기를 일으켜 만든 '퉁구스 공화국$^{Tungus\ Republic}$'이 1년도 채 되지 않아 해체되기도 했습니다. 소련이 만들어지는 과정이 매우 순조로웠을 거라 생각하기 쉬운데 그 사이에 수많은 나라가 명멸했던 거죠.

그리고 제가 생각하기에 가장 황당한 나라는 '젤투가 공화국$^{Zheltuginskaya\ Respublika}$'입니다. 1883년부터 1886년까지 아무르강 유역에 있었던 나라인데요. 당시 청나라 영토에 불법으로 정착한 이들이 세운 나라로, '아무르강의 캘리포니아'라는 황당한 별명으로 불렸죠.

한 모피 상인이 우연히 황금을 발견했고 이후 수많은 이가 골드 러시로 모여들어 공동체를 이룬 후 스스로 공화국이라고 명명한 겁니다. 러시아인, 중국인, 조선인뿐만 아니라 독일인, 프랑스인, 폴란드인, 미국인 등 다양한 국적의 사람들이 몰려들었죠. 그런데 초기에는 법이 없으니 온갖 범죄가 난무했어요. 그래서 자치 공화국을 형성하고 나름의 규율을 갖췄고요. 그곳에선 금 앞에 모든 사람이 평등했습니다. 그야말로 세계 최초의 금본위 체제 국가였던 거죠. 문제는 군대가 없었다는 거예요. 그러니 국경 지대에서 불한당(?)들이 금을 캐며 자기들끼리 나라를 세웠다는 소식에 놀란 청나라가 뒤늦게나마 군대를 파견하니 젤투가 공화국은 순식간에 사라져버리고 말았습니다.

곽민수 ✢✢ 인류 역사상 영유권 분쟁은 세계 각지에서 끊임없이 일어났습니다. 앞으로도 계속될 게 확실하고요. 와중에 예언 하나 하자면, 크나큰 영유권 분쟁이 일어날 수밖에 없는 곳이 딱 한 군데 있습니다. 바로 남극이죠.

남극은 1959년 미국 워싱턴 D.C.에서 서명하고 2년 뒤 발효된 '남극 대륙 평화 이용 조약南極大陸平和利用條約'으로 남극 대륙과 바다의 군사적 이용, 핵실험 및 방사 물질 처리를 금지하고 과학 조사 연구의 자유와 국제 협력을 증진하고자 했습니다. 영유권 주장을 동결한다는 내용도 있었고요. 그런데 일종의 부책을 넣어, 조약이 체결되기 이전에 주장한 영유권에 대해선 인정하지도 부정하지도 않겠다고 했죠.

그러다 보니 조약이 서명되기 전에 영유권을 주장했던 노르웨이, 뉴질랜드, 아르헨티나, 영국, 호주, 칠레, 프랑스 등은 멀지 않은 미래에 계기나 명분만 생기면 남극에 대한 영유권을 주장할 게 불 보듯 뻔합니다. 남극이야말로 자원적 측면에서 지구상 가장 소중한 공간이기 때문이죠.

인간과 밀접한 관계 속에서 살았던 고양이

허준 ✦✦ 이슬람권에선 다른 문화권에 비해 고양이가 대우를 받는다고 알고 있습니다. 역사적으로 따로 이유가 있을까요?

박현도 ✦✦ 네, 이슬람권에선 고양이가 꽤 대우를 받는 게 사실입니다. 그 이유는 매우 간단한데요. 다름 아닌 이슬람의 마지막 예언자인 무함마드가 고양이를 굉장히 좋아했죠.

그의 고양이 무에자muezza에 얽힌 설화들이 있는데, 한 번은 예배를 드리고 있는 무함마드를 뱀이 물려고 하자 무에자가 뱀의 머리를 물어뜯어 그를 보호했다고 합니다. 이에 무함마드는

19세기에 그려진, 이맘 옆 베개에 누워 휴식을 취하는 고양이의 모습.

무에자를 크게 치하하고 더욱더 아끼게 되었다죠.

또 다른 일화로는, 무함마드가 예배를 드리고자 일어나려 할 때 무에자가 망토 위에서 잠들어 있는 걸 발견하니 그는 무에자를 깨우지 않으려 가위로 고양이가 잠든 망토 부분을 잘라냈다고 합니다.

무함마드와 무에자에 얽힌 설화와 일화들로 이슬람 세계에서 고양이의 특별한 지위는 공고해졌는데요. 심지어 고양이가 마신 물로 세정 의식을 할 수 있을 정도입니다. 깨끗한 것과 더러운 것의 구분을 확실하게 하는 무슬림인 만큼, 고양이를 특별하게 여긴다는 방증이죠.

곽민수 ++ 이집트의 경우 길고양이들이 상당히 많은데, 한국의 길고양이들과 차이가 있습니다. 한국의 길고양이들이 사람과 교감을 하지 않으려 하는 반면, 이집트의 길고양이들은 사람과 쉽게 교감을 하는 편이에요. 사회 통념상 뭇 사람들이 길고양이들과 멀리 지내지 않아 서로 관계가 익숙하기도 하겠지만 아무래도 북아프리카 근동 지방의 기후 때문인 것 같기도 합니다. 그리고 고양이가 인류 역사상 처음으로 가축화된 지역이 다름 아닌 아프리카였다는 걸로 알고 있고요.

강인욱 ++ 고양이의 가축화는 고고학적으로 큰 논란을 낳았기에 아직도 제대로 된 결론이 나지 않았습니다. 현재까지 가장 오래된 고양이의 가축화 시기와 지역은 약 9,500년 전의 키프로스섬 남동쪽 실로우로캄보스shillourokambos 고양이 무덤이에요. 사람과 함께한 가장 오래된 고양이의 뼈로 인정받고 있죠. 10여 년 전에는 중국 콴후쿤의 신석기 주거지에서 발견된 고양이 뼈를 분석해 약 5,300년 전의 것이라 판단했습니다.

그런데 고양이인지 살쾡이인지 DNA로도 구분하지 못했어요. 고양이는 차분하게 길러져 종의 변화까지 있었다고 하면 DNA도 변동이 있어야 하는데 그 단계까지 가지 못한 거죠. 하여 그 사료의 고양이들은 사람에 의해 길들여진 고양이가 아닐 수 있다는 게 정설입니다.

곽민수 ✢✢ 저는 강인욱 교수님과 의견이 다른데요. 말씀하신 약 9,500년 전의 키프로스섬 남동쪽 실로우로캄보스 고양이 무덤에서 출토된 양상을 보면, 사람이 누워 있는 모습의 뼈 바로 옆에 고양이가 누워 있는 모습의 뼈가 있습니다.

그래서 순장이라고 하기도 합니다. 출토된 고양이의 뼈로 미뤄보면 생후 8개월 정도였거든요. 그러니 순장이라고 주장할 근거는 있죠. 어쨌든 인간의 옆에 고양이가 인위적으로 묻힌 흔적이 확인된다는 건 고양이가 분명히 사람과 일련의 연관성이 있다고 하는 게 정설입니다.

또 그때가 PPN$^{Pre\ Pottery\ Neolithic}$ 시대라고 해서, 선토기 신석기 시대인데요. 기원전 1만 년부터 기원전 6,500년경까지 비옥한 초승달 지대의 레반트와 상부 메소포타미아 지역에서 발달한 문화죠. 하지만 키프로스섬에선 고양이가 자생할 수 없으니 추정하건대 인간이 이동하면서 고양이를 데려왔을 거라 생각합니다.

아직까지 물리적 근거는 구체적으로 확인되고 있진 않지만 이 시대보다 조금 더 이전 시대에 고양이가 인간과의 공생을 통해 인간 주변에 머물게 되지 않았을까 추정하고 있죠. 근동 지방에서, 특히 레반트 지방에선 인간이 반정주 생활을 시작한 시대가 '나투프 시대(Natufian culture, 지중해 연안의 레반트 지역에 존재한 고고학적 문화)'라고 해서 1만 5천 년 전까지 거슬러 올라갑니다.

그때 정주를 한다는 건 경작, 수렵, 채집으로 확보한 식량 자원을 주택 근처에 보관한다는 의미고, 그렇게 보관한 식량 자원을 설치류가 몰래 먹으려 할 때 고양이가 잡아준다는 걸 인간이 보고 친절을 베풀기 시작해 고양이 역시 그 상황에 적응하면서 인간 곁에 머물게 된 게 아닌가 싶습니다.

강인욱 ✦✦ 곽민수 소장님이 말씀하신 키프로스설이 가장 유력하긴 합니다만, 관련해 논란이 많은 게 사실입니다. 인간이 고양이과 동물을 품에 들인 것과 고양이가 등장한 걸 달리 보기 때문입니다. 생물과학 연구자들은 고양잇과의 흔적이 나왔다고 해서 과연 그게 야생 고양이인지 집 고양이인지 밝혀낼 수 없다고 하죠. 이를테면 고양이가 잠깐 인간과 함께 살았는데, 완전히 길들이지 않은 상태로 반복해 오간다는 거예요. 애초에 고양이를 '가축화'했다는 말 자체에 어폐가 있을 수 있다는 겁니다. 가축화가 아니라 '공생 관계'라는 말이 맞겠지요.

개와 고양이를 한 번 비교해보죠. 개의 경우 1만 5천 년 전부터, 심지어 네안데르탈인(Neanderthal, 43만 년 전부터 4만 년 전까지 유라시아에서 활동한 고대 인류종)이 살았던 때부터 있었습니다. 늑대가 순화해 길들인 게 개라고 할 수 있는데요, 실험을 통해 밝혀냈어요. 1959년 구소련의 유전학자 드미트리 벨랴예프 Dmitry Belyayev가 시작한 실험으로, 상대적으로 인간에게 붙임성 좋은 은여우들을 반복적으로 교배해 20년 만에 개와 비슷하게 행동하는 은여우가 나왔죠. 여우나 늑대에도 개처럼 길들일 수 있는 습성이 내재되어 있다는 걸 증명한 겁니다. 반면 고양이, 즉 고양잇과에는 그런 습성이 내재되어 있지 않기 때문에 인간에 길들여지지 않고 공생하며 오갈 뿐이라는 거죠.

허준 ✦✦ 우리나라 역사에서의 고양이 기록이 궁금합니다. 잘은 모르지만 인류 역사에서의 고양이의 출현과 우리나라 역사에서의 고양이의 출현이 꽤 큰 차이를 보이는 것 같아서요.

강인욱 ✦✦ 우리나라 역사에서 고양이에 대한 가장 오래된 기록은 고려 시대 때입니다. 절에서 승려들이 식량을 갈취하려는 쥐를 막고자 고양이를 키웠다고 하죠.

그런데 우리나라는 약 3천 년 전부터 쌀농사를 지었지 않습니까? 그때도 당연히 식량을 보호하고자 설치류를 조심해야 해요. 그러니 고양이가 있어야 하는데 정작 고양이 뼈가 나오지 않죠. 아무리 파도 나오지 않아요. 그래서 고양이가 아닌 야생 삵(살쾡이)을 잡아 키웠다가 풀어주기를 반복했을 거라고 추정하고 있죠. 길들이면 쥐를 잡는 능력이 떨어질 테니까요.

대구시 달성 지역에서 출토된 가야 시대의 '집모양 토기'를 보면 지붕 위에 고양이 한 마리가 있고 그 사실을 모르는 쥐 두

마리가 지붕으로 올라가는 모습을 띠고 있는데, 아마도 그때 이미 고양이는 우리나라에서 보편화되어 있지 않았을까 싶습니다. 한편 지붕 위에 올라가 있는 걸 보면 일부러 길들이지 않았던 게 맞지 싶어요.

곽민수 ✦✦ 고대 이집트의 사례들을 보면 고양이는 분명히 인간과 아주 밀접한 관계 속에서 살아갔던 것 같습니다. 선사 시대에는 인간의 필요에 의해 고양이가 인간 주변에 머물렀다면 고대 이집트 문명이 시작된 후에는 그럴 필요성이 아주 높지 않았죠. 그럼에도 불구하고 고양이는 애틋하게 여겨져 인간 주변에 계속해서 머물렀어요.

이를테면 고대 이집트 신왕국 시대의 무덤 벽화를 보면, 무덤 주인이 직접 자신의 모습을 그렸는데 고양이가 근처에서 놀고 있거나 귀여운 모습으로 표현되는 경우가 굉장히 많습니다. 또 인간과 함께 고양이도 미라화되어 매장되는 경우도 굉장히 많고요.

이런 사례들 때문에 고대 이집트인이 동물을 숭배했다는 식으로 설명되기도 하는데, 일종의 오해입니다. 관련해 널리 알려진 사례가 하나 있는데, 그 내용은 이렇습니다.

기원전 525년에 페르시아 제국의 캄비세스 2세(Cambyses II, 아케메네스 왕조 페르시아 제국의 제2대 샤한샤)가 이집트를 침략했을

고양이의 형상을 띤 고대 이집트 여신 바스테트.

때 페르시아군은 고양이를 앞세워요. 이집트인들이 고양이를 신으로 숭배한다는 점을 알고 행한 전술이었죠. 이집트인들은 어쩔 줄 몰라 했고 페르시아군은 이집트군을 쉽게 제압할 수 있었습니다.

그런데 이 내용은 서기 2세기 마케도니아 출신의 군인이자 작가인 폴리아이누스Polyaenus의 기록에서만 확인이 됩니다. 이 기록은 교차검증이 되지 않을 뿐만 아니라, 펠루시움 전투Battle of Pelusium가 벌어졌던 지역(이집트 나일강 삼각주 동쪽 끝에 위치한 도시 펠루시움)을 전투가 끝난 직후 방문해 답사했던 헤로도토스도 그 사례를 언급하지 않았죠.

하여 아마도 그 일화는 고대 이집트인들이 고양이를 좋아하는 습성을 스토리텔링한 것일 뿐이라고 저는 생각하고 있습니다. 고대 이집트인들이 동물을 신으로 숭배한 건 아닙니다.

한편 이집트에서 고양이 모습을 하고 고양이의 속성을 지닌 신들이 등장한 시기는 굉장히 이릅니다. 초기 왕조 시대 때, 그러니까 대략 기원전 3100년경부터 기원전 2900년경에 마프데트(Mafdet, 뱀과 전갈로부터 인간을 지켜주는 고대 이집트의 여신), 바스테트(Bastet, 모성을 상징하는 고대 이집트의 여신) 같은 여신이 대표적인 예죠. 그만큼 고대 이집트에서 고양이는 특별한 존재였습니다.

그렇다고 고대 이집트인들이 고양이라는 동물 자체를 숭배한 건 아니에요. 고양이가 지닌 속성을 신과 연관 지은 것이지, 고양이를 신격화해서 섬긴 건 아니라는 겁니다. 다만 앞서 말씀드렸듯 고양이를 무척이나 사랑했던 것만큼은 확실하죠.

허준 ✦✦ 그렇다면 고양이를 미라로 만든 것도 고양이의 사후 세계를 위한다기보다 고양이 주인의 사후 세계를 위해, 즉 주인이 좋아해 마지않았던 고양이와 사후 세계에까지 함께 살길 바라는 면이 있겠네요?

곽민수 ✦✦ 고양이 미라의 경우 두 가지 차원이 있습니다. 하나는 허준 MC께서 말씀하신 것처럼 죽은 사람이 아끼던 고양이를 함께 매장하는 경우가 있고, 다른 하나는 앞서 말씀드린 것처럼 고양이 모습을 하고 있는 신들께 제물을 바치고자 고양이를 미라로 만든 경우가 있어요.

한편 고양이 미라들 가운데는 가짜 미라도 꽤 많이 확인됩니다. 겉보기에는 온전한 미라인데, CT 촬영 등으로 조사해보면 안이 텅 비어 있는 경우도 있죠.

전쟁을 막아내는 신박한 방법들

허준 ✦✦ 우리나라 고려 시대의 '팔만대장경'처럼 외세의 침입을 막아내고자 직접 전쟁에 참전하는 대신 다른 행위를 한 사례가 다른 나라의 역사에도 있을까요?

곽민수 ✦✦ 이집트의 경우 종교나 주술적인 힘으로 전쟁에서 승리하려 했던 사례 대신 적을 아예 궤멸시켜버리는 전략을 구가한 사례가 있습니다. 앞으로 계속될 수 있는 전쟁을 막고자 전쟁 상대의 뿌리를 아예 뽑아버리는 거죠.

제2중간기(기원전 1650년~기원전 1550년) 시대의 이집트는 지정학적으로 매우 복잡한 상황에 놓여져 있었습니다. 일단 북쪽에는 아시아 계통의 힉소스 세력이 자리를 잡고 있었죠. 이들은 제15왕조로 분류합니다. 그리고 남부 지역은 토착 세력이 장악하고 있었는데, 17왕조였죠. 또한 이집트 이남의 누비아 지역에선 통일 왕국이 나타나 이집트를 압박하고 있었습니다. 남북 양 방향에서 압박을 받던 이집트인들에겐 그야말로 크나큰 위기였던 거죠. 그럼에도 이집트인들은 위기를 극복하고 통일 전쟁에서 승리해 제15왕조 세력을 몰아내는 데 성공합니다.

그런데 이집트인들에게 그때가 굉장히 큰 역사적 트라우마였던 것 같아요. 제2중간기가 끝나고 고대 이집트 최고의 전성기라 불리는 신왕국 시대가 시작된 후 누비아 지역을 아예 없애버리려고 노력하죠. 신왕국 시대 이전까지 이집트는 영토를 확장하지 않았는데 신왕국 시대에 들어서 '이집트 제국'이라 불릴 정도로 누비아뿐만 아니라 팔레스타인, 레반트, 시리아 등을 장악하니까요. 제2중간기 때의 트라우마를 발판 삼아 '더 이상 재기할 수 없게끔 만들어야겠다' 하고 누비아 세력의 핵심 지역을 쳐들어가 완전히 망가뜨려버리기도 하죠.

그런 한편 일종의 '문화 통치'를 시도하기도 해요. 누비아 지역을 이집트화하는 겁니다. 이집트 신전을 짓는 등 계속해서 이집트 이데올로기를 이식하는 거예요. 결국 성공하죠.

그렇게 4~500년 정도 누비아가 이집트에 꼼짝도 하지 못하다가 1천 년 가까이 지난 먼 훗날 역으로 누비아가 이집트를 정복하는 상황이 발생하는데, 제3중간기의 제25왕조예요.

그런데 그때는 누비아인이 이집트화된 지 너무나도 오래되었어요. 그러니까 누비아인이 이집트를 정복하고 통치해도 이집트 문화는 유지되는 거죠. 누비아 문화가 이집트에 비집고 들어올 틈이 없었습니다.

이집트가 누비아를 선제적으로 궤멸시키고 완전히 이집트화했기 때문에 훗날 역으로 침공, 정복, 통치를 당해도 이집트 문화를 그대로 유지할 수 있었다는 거죠.

박현도 ✦✦ 무슬림의 경우 예배를 강력하게 시행합니다. 특히 군인들은 출전하기 전 특별 예배를 시행하죠. 그리고 건물을 짓기도 했는데요. 692년에 무슬림 세계에서 가장 뛰어난 건물로 일컬어지는 '바위의 돔Dome of the Rock'을 짓습니다.

그러면 이 사원을 왜 지었을까요? 두 가지 설이 있습니다. 하나는 '이 예루살렘의 주인은 우리다'라는 걸 보여주려 했다는 거죠. 당시 중동을 지배하고 있던 '우마이야 왕조Umayyad Caliphate'가 메카를 정적에 빼앗깁니다. 그래서 예루살렘에 성전 바위의 돔을 지어선 '메카 말고 여기로 순례 오라'고 했다는 거죠. 제2차 피트나(Second Fitna, 내전)가 마무리되기 직전에 바위의 돔을 완성했죠.

바위의 돔.

강인욱 ✢✢ 소련의 경우 스탈린에 관한 이야기가 전해집니다. 스탈린은 사실 아돌프 히틀러$^{Adolf\ Hitler}$가 소련을 침공할 거라는 사실을 알지 못했다고 하죠. 사방에서 계속 경고를 했는데도 그는 '우리 히틀러는 절대 그럴 사람이 아니다'라고 생각했어요.

한편 스탈린은 제2차 세계대전 직전 우즈베키스탄 사마르칸트에 있는 티무르의 무덤 발굴을 계획합니다. 그의 해골을 모스크바에 전시하겠다는 계획이었으니, 내심 중앙아시아에서 영웅으로 떠받드는 이는 없다는 소련 공산당의 속셈이었겠지요.

그래서 고고학자를 보내 티무르의 왕묘를 발굴해 실제로 다리를 절었던 티무르라는 걸 확인합니다. 그런데 공교롭게도 발굴 직후인 1941년 6월 22일, 독소전쟁의 서막을 연 나치 독일의 소련 침공작전인 '바르바로사 작전$^{Unternehmen\ Barbarossa}$'이 전격적으로 개시되었죠.

인류 역사상 가장 많은 병력을 동원한 단일 군사 작전으로 유명한 바로 그 작전 말입니다. 스탈린은 믿었던 히틀러에게 한 방 크게 먹고 자신의 운명도 끝난 게 아닐까 싶을 정도로 큰 쇼크를 받았어요.

티무르의 왕묘를 연 후 정확히 48시간 뒤, 나치 독일군이 소련의 국경을 넘었고요. 그 기묘한 타이밍을 본 스탈린은 '큰일 났다, 티무르 때문에 재수 없게 걸린 거 아냐?'라고 생각할 수밖에 없었죠.

게다가 터부시되었던 중앙아시아 최고의 영웅 티무르의 왕묘를 발굴했으니, 마치 이집트 파라오의 저주 같은 소문들이 돌았습니다. '누구든지 감히 내 무덤을 건들면 전쟁의 악마가 그 나라에 닥칠 것이다'라는 문구가 있었다는 이야기가 최근까지도 그럴듯하게 포장되어 전해질 정도로요. 물론 사실과는 다릅니다. 이슬람 풍습에선 그런 저주의 글귀를 관에 적지 않죠. 다만 『꾸란』의 구절들이 적혀있을 뿐이었습니다.

스탈린은 유물론자였지만 젊은 시절 신학교를 다니며 사제 수업을 받은 적도 있었습니다. 그래서 그런지 몰라도 스탈린은 러시아 정교회 신부를 비행기에 태워 전선을 돌게 하면서 성수를 뿌리게 했다는 소문도 들렸죠.

급기야 그는 티무르의 모스크바 전시 계획을 취소하고 그의 유해를 사마르칸트의 왕묘로 돌려보낸 후 납으로 봉인하라고 지시합니다. 이 모든 사업에 한 개 연대가 한 달 동안 쓰는 비용이 들었다고 하죠.

모스크바가 언제 넘어갈지 모를 정도로 전황이 급박하게 돌아가는 때 그 정도로 정성을 들인 걸 보니 스탈린이 정녕 걱정을 많이 했던 것 같습니다.

직접 증거는 없지만 티무르의 유해를 사마르칸트로 돌려보낼 때 비행기로 하여금 서부전선을 돌게 해 적들에게 저주를 내리게 했다는 소문도 돌았죠.

거기에 또 우연 같은 사건이 겹치는데요, 티무르를 사마르칸트에 고이 묻고 나니 독서전쟁의 결정적 전환점이 되는 그 유명한 '스탈린그라드 전투Battle of Stalingrad'가 일어난 겁니다. 그때를 기점으로 나치 독일이 사실상 소련 정복을 포기하죠.

스탈린과 티무르의 관계는 우연치곤 참 기묘해 보입니다.

구독자들의 궁금증
다섯 번째

Question 1

고대 이집트인의 일상생활을 엿볼 수 있는 유물 중 가장 흥미로운 건 무엇인지요?

곽민수 ✦✦ 고대 이집트인들의 일상생활을 이야기하기 위해선 먼저 어느 시대에 관한 것인지, 어떤 계층인지 결정해야만 합니다. 고대 이집트 사회는 아주 다층적으로 존재했고, 고대 이집트라고 불리는 시대는 아주 긴 시간 동안 존속되었기 때문입니다.

 이를테면 파라오의 일상을 엿볼 수 있는 유물들 가운데는 고왕국 시대에 속하는 헤테프헤레스 왕비Hetepheres I의 가구 세트나 신왕국 시대에 속하는 투탕카멘Tutankhamun 무덤에서 출토된 생활 도구들이 대표적인 사례가 되겠죠.

귀족 계층의 경우 파편적으로 출토되었지만 상당한 부장품들과 무덤 속 변화들을 토대로 그들의 생활상을 어느 정도 파악할 수 있습니다. 또 이집트 특유의 장례 문화와 기후 조건 덕분에 많은 숫자가 확인되고 있는 미라 역시 고대 이집트의 일상생활을 살피는 자료로 활용됩니다. 미라에 대한 다양한 법의학적 분석은 시신의 주인이 생전에 무엇을 먹고 마시며, 어떤 노동을 수행했는지 파악할 수 있게 해주죠.

비귀족 계층의 일상생활은 룩소르Luxor 서안에 위치한 데이르 엘-메디나Deir El-Medina에서 출토된 다양한 유물, 기록 등을 토대로 꽤 면밀하게 살펴볼 수 있습니다. 데이르 엘-메디나라는 유적은 파라오의 무덤을 만든 전문 장인들이 모여 살던 마을 유적인데요.

다양한 기록들 가운데 가장 흥미롭다고 할 만한 건 영국 박물관에서 소장 중인 EA5634 오스트라콘ostracon입니다. 이 유물은 높이가 38.5cm, 너비가 33cm 정도 되는 석회암 판인데, 일종의 출근 명부가 기록되어 있습니다.

그 내용 가운데 결근 사유들이 꽤 흥미롭습니다. 형의 미라를 만들기 위해서, 집에서 맥주 양조를 해야 해서, 딸이 다쳐서, 술을 마셔서 같은 것들이 있죠. 오늘날의 결근 사유와 크게 다르진 않은 것 같습니다.

---- Question 2 ----

꾸란은 이슬람의 핵심 경전이지만 시대와 지역, 학파에 따라 다양한 해석이 존재한다고 들었습니다. 그 배경은 무엇인가요?

박현도 ✦✦ 『꾸란』은 무함마드가 이슬람교의 하나님인 알라Allah로부터 계시를 받은 걸 모아놓은 책입니다. 예언자가 된 610년경부터 632년 죽을 때까지 약 23년간 아랍어로 하나님의 말씀을 들었다고 하죠.

당시 무함마드 주변에 있던 사람들은 무함마드가 계시를 전하면 알아들었을 겁니다. 그런데 시간이 지나 책으로 읽는 사람들은 계시의 현장에 있던 사람들과 달리 계시가 어떤 뜻인지 알기 어려웠을 테죠. 그도 그럴 것이 『꾸란』은 "누가, 언제, 어디서, 무엇을, 어떻게, 왜 했는가"라는 정보를 다 담지 않고 말만 있기 때문이죠.

사정이 이러다 보니 계시가 내려온 구체적 상황을 두고 의견이 분분할 수밖에 없습니다. 게다가 후대 사람들이 모르는 단어도 꽤 나오고요. 그래서 『꾸란』의 해석을 두고 시대와 지역과 학자들에 따라 다양한 해석이 나오는 것입니다.

참을 수 없는
역사적 궁금증의 가벼움

활이 대체할 수 없는 무기였던 이유

허준 ✦✦ 한민족에 여러 가지 수식어가 붙죠. '배달의 민족' '백의 민족'처럼 말입니다. 그리고 또 하나가 바로 '활의 민족'이 있어요. 그만큼 한민족은 활과 떼려야 뗄 수 없는 관계입니다. 한민족은 고대부터 활을 주된 무기로 삼았다고 알고 있는데요, 언제부터 우리 한민족은 활을 잘 쏜 걸까요? 고구려부터인가요?

정요근 ✦✦ 고구려 이전부터입니다. 우리나라의 경우, 활이 등장하는 가장 오래된 그림은 울산광역시 울주군에 있는 반구대盤龜臺 암각화인데요. 사람이 동물을 활로 겨누고 있는 모습이 묘사

울주 대곡리 반구대 암각화.
ⓒ울산암각화박물관

되어 있습니다. 우리 선조들이 반구대 암각화가 제작되던 시기, 즉 신석기 시대나 늦어도 청동기 시대 초기에는 활을 썼다는 의미죠. 한편 활은 아니지만 돌로 만든 화살촉 유물은 신석기 시대 유적 여러 곳에서 발견된 바 있습니다.

다만 진정한 의미에서의 수렵도는 '무용총'이라고 하는 고구려 시대 무덤 벽화에서 볼 수 있습니다. 그곳의 서쪽 벽에는 수렵도, 즉 말을 타고 활로 사냥하는 그림이 그려져 있고 동쪽 벽에는 검은색 말을 탄 사람과 무용을 하는 것으로 여겨지는 사람들의 그림이 있죠.

그밖에도 삼국 시대 고구려의 덕흥리고분, 약수리고분, 장천

1호분 등의 고분 벽화에 수렵도가 그려져 있습니다. 반면 백제와 신라에서 그린 수렵도는 전해지지 않고 있고요.

강인욱 ✦✦ 복합궁複合弓이 중요한 키포인트일 것 같습니다. 복합궁은 기원전 8세기부터 기원전 2세기까지 아시아 서북부 일대 스텝 지역에서 존속했던 유목민족 스키타이 시대에 최초로 출현하는데요.

역사서에 기록된 세계 최초의 유목 제국이었던 흉노가 출현한 시기부턴 궁이 작아집니다. 더 발달된 거죠. 단점이라 하면 관리를 정말 잘하지 않으면 안 된다는 거예요.

나무하고 뿔을 이어붙일 때 아교 내지 동물의 관절을 녹여 사용했는데, 보관을 잘못하면 다 풀어져버립니다. 흉노가 망할 때의 기록을 보면 "날이 너무 더워 활이 다 풀어져버렸고 제대로 된 싸움을 하지 못했다"라고 되어 있어요.

전 세계를 다 정복했을 것 같은 몽골 전사들조차 더운 곳은 가지 못했죠. 아열대 지방을 정복할 때 실패한 곳이 많습니다. 아마도 활이 더위 때문에 풀어졌던 이유인 것 같아요.

이를테면 스키타이나 몽골 전사가 쪼그려 앉아 계속 활을 감았다가 풀면서 관리해주는 그림이 많이 남아있죠. 그들만의 고충이 있었던 겁니다.

한중일 같은 정착민들이 복합궁에 대응하고자 두 가지 방법을 썼어요. 하나는 거대한 화살을 가져다 2인 1조로 쏘는 방법이 있었고, 다른 하나는 쇠뇌를 쏘는 방법이 있었죠. 아무리 좋은 복합궁을 노획해 가져온다고 해도 관리하는 방법을 모르면 무용지물이 되니까요.

하여 제 생각에는 유라시아를 정복한 진정한 무기는 복합궁이 아니었을까 합니다.

곽민수 ✦✦ 이집트의 경우 복합궁이 처음 등장한 시점이 상당히 늦은 편입니다. 기원전 1500년 이후 등장하거든요. 그러니까 신왕국 시대 때부터 사용하는데, 아마도 유라시아에서 개발되어 메소포타미아를 거쳐 이집트로 들어온 것으로 보입니다.

사실 그전에도 이집트와 관련된 어느 인구 집단이 활의 민족으로 유명했었어요. 바로 누비아인데요, 이집트에선 누비아를 '타세티$^{Ta\text{-}Seti}$'라고 불렀죠. '타'가 땅이라는 의미고 '세티'가 활이라는 의미를 가지니 '활의 땅'이라고 지칭한 셈입니다. 그만큼 궁수의 실력이 뛰어났을 테죠. 워낙 활을 잘 쏴서 일찍이 고왕국 시대 때부터 이집트에서 용병으로 누비아인을 고용했던 것 같고요.

그런데 그들은 복합궁을 쓰진 않았고 아마도 큰 장궁을 썼던 걸로 추정돼요. 또 그때부터 이집트에 들어온 누비아의 전사 집단이, 메자이^{Medjay}라고 해서 원래 누비아 인근의 특정 유목민

집단을 칭했지만 신왕국 시대 때부턴 이집트의 경찰을 담당하는 집단이 있습니다.

앞서 강인욱 교수님께서 말씀하신 대로, 복합궁은 굉장히 강력하지만 덥고 습한 곳에선 사용하기 어렵죠. 그런데 누비아 지역이 매우 습하고 덥지 않습니까, 사용하기가 어려웠을 거예요.

반면 고대 이집트에선 복합궁을 적극적으로 사용했습니다. 이를테면 신왕국 시대 때 히타이트나 메소포타미아 지역 쪽과 싸울 때 복합궁을 사용했죠.

그리고 앞서 말씀드렸듯 누비아 궁병의 경우 훨씬 더 후대까지도 명성이 드높아 페르시아 제국이 그리스와 싸울 때도 페르시아 쪽에 누비아 궁병대가 있었을 정도였고요.

정요근 ✢✢ 고구려를 세운 주몽 있지 않습니까, 동명성왕東明聖王 말이죠. 『삼국사기』 「고구려 본기」에 따르면, 주몽은 부여 속어로 '활을 잘 쏜다'는 뜻이라고 합니다. 그러니 고구려나 부여에선 활 쏠 일이 많아 활 잘 쏘는 사람이 우대를 받았던 것 같고요.

그리고 중국 삼국 시대의 역사를 서술한 정사 역사서인 『삼국지三國志』 「위서」 중 '오환선비동이전烏丸鮮卑東夷傳'을 보면 동예東濊 지역의 특산물을 서술한 부분에서 "낙랑樂浪의 단궁檀弓이 그 지역에서 생산된다"라고 되어 있어요. 동예는 기원전부터 이미 존재했던 초기 국가 집단이니 만큼 고구려뿐만 아니라 한반도의 다른 지역에서도 이른 시기부터 활에 관한 기술이 뛰어났던 게 아닌가 생각해볼 수 있겠습니다.

박현도 ✦✦ 무슬림 세계에서도 활은 굉장히 중요합니다. 활이라는 게 단순히 전쟁에서 상대를 죽이는 데 동원하는 게 아니라 자기 수련에 있어서도 중요하게 작용했거든요.

이슬람의 창시자이며 이슬람교에서 마지막 예언자이자 사도로 믿는 무함마드의 종교 체험에 쓰인 걸 보면, 가브리엘을 영접할 때 둘의 거리를 두고 '활의 거리'라고 했습니다. 그 정도로 가까이에서 영접했다는 건데요. 『꾸란』에서 활은 굉장히 좋은 인식을 갖고 있죠. 또 전승에 따르면 가브리엘이 무함마드에게 활과 화살을 선사했다고도 하고요.

강인욱 ✦✦ 중국의 한족을 중심으로 북쪽의 오랑캐를 북적北狄, 서쪽의 오랑캐를 서융西戎, 남쪽의 오랑캐를 남만南蠻, 그리고 동쪽의 오랑캐를 동이東夷라고 하지 않았습니까. 그중 '동이'에는 우리나라도 속해 있었는데, 동이의 '이夷'를 두고 정약용은 『여유당전서與猶堂全書』에서 "이라는 건 큰 활이다. 이의 습속은 큰 활을 사용해 남들을 상처입히니, 고로 육서가에서 그 글자를 가차假借해 상해를 입힌다는 뜻으로 삼은 것이다."라고 했듯 동이족을 두고 활 잘 쏘는 민족을 가리켰다고 하기도 하는데요.

사실 고고학적으로 보면 화살촉 자체는 매우 오래전에 나왔습니다. 이미 구석기 시대 후기부터 나오니까요. 문제는 화살촉만 발굴되었고 화살대가 나오지 않아서 정확하게 복원되지 못했었죠. 그러던 지난 2004년 강원도 춘천시 신북읍 천전리 유적지에서 놀라운 발견이 있었습니다.

국내 최초로 청동기 시대의 수렵 생활상을 엿볼 수 있는 돌화살촉과 나무 화살대가 발견된 거죠. 보통 나무 화살대는 썩어 없어지기 마련인데, 불에 타서 숯이 되어 묻히면 썩지 않고 남아요. 탄화된 채로 말이죠. 연대가 거즌 3천 년 전으로 거슬러 올라가는 겁니다. 고대 중국에서 말하는 동이의 활과 관련이 있는지는 모르겠지만요.

정요근 ✦✦ 조선을 건국한 태조太祖 이성계는 불패의 무장이며 백발백중의 신궁으로 유명하죠. 그의 뛰어난 활 솜씨에 관한 유명한 이야기를 소개해 드리자면요.

1380년, 고려 우왕 6년 9월에 이성계가 이끄는 군대가 오늘날 전라북도 남원시 운봉읍 일대에서 왜적에게 대승을 거둡니다. 이 승리를 '황산대첩荒山大捷'이라고 하는데요. 당시 이성계는 왜적의 젊은 장군 아기발도阿其拔都의 투구를 활로 쏴서 벗기는 신기의 활 솜씨를 발휘했다고 하죠.『조선왕조실록』중『태조실록』의 한 구절을 그대로 옮겨보겠습니다.

황산대첩비 탁본.

적장 하나가 있어 나이가 겨우 열대여섯인데, 골격과 용모가 단정하고 고우며 사납고 날램이 비길 데가 없었다. 흰 말을 타고 창을 마음대로 휘두르면서 달려 부딪치니, 그가 가는 곳마다 쓰러져 흔들려서 감히 맞서는 이가 없었다. 우리 군이 그를 아기발도라 일컬으며 다투어 그를 피하였다.

태조(이성계)는 그의 용감하고 날랜 것을 아껴 두란豆蘭에게 명하여 사로잡게 하니 두란이 말하길,

"산 채로 사로잡으려고 하면 반드시 사람을 다치게 할 것입니다."

하였다. 아기발도는 목과 얼굴을 감싼 갑옷과 투구를 입었으므로, 쏠 만한 틈이 없었다. 태조가 말하길,

"내가 투구의 정자(頂子, 꼭지)를 쏘아 투구를 벗길 것이니 당신이 즉시 쏘시오."

하곤, 마침내 말을 채찍질해 뛰게 하여 투구를 쏘아 정자를 바로 맞혔다. 투구의 끈이 끊기어 기우는지라, 아기발도가 급히 투구를 가지런히 하였다. 그러나 태조가 다시 그를 쏘아 정자를 맞히자, 투구가 마침내 떨어졌다.

두란이 바로 아기발도를 쏘아서 죽이니, 이에 적군의 기세가 꺾였다. 태조가 앞서서 분격하자, 적의 무리가 쓰러져 흔들리며 날랜 군사는 거의 다 죽었다.

그리고 1231년부터 1259년까지 치열하게 전개된 고려의 대몽항쟁 때도 유명한 이야기가 있습니다. 1232년, 양광도 수주 처인부곡(오늘날 경기도 용인시 처인구 남사면)에서 벌어진 처인성 전투處仁城 戰鬪(제2차 여몽전쟁의 전투 중 하나)에서 승려 김윤후가 몽골의 최고 지휘관 살리타이Salitai를 활로 쏘아 죽여 전투를 승리로 이끌었죠.

처인부곡은 소규모의 토성으로 대규모 전투를 수행하기에는 불리한 곳이었어요. 그런데 당시 승려 신분이었던 김윤후가 살리타이를 사살하자, 몽골군은 퇴각할 수밖에 없었죠. 몽골로선 굉장한 수모였다고 할 수 있겠습니다. 몽골 하면 활 잘 쏘는 걸로 빠지지 않는데 말이죠.

이성계와 김윤후의 두 사례는 우리나라에서 전통적으로 전쟁이 일어났을 때 활쏘기로 적을 공격하는 게 중요했다는 걸 말해줍니다. 또한 조선 시대에는 향사례鄕射禮라고 해서 유교적인 예법을 함양하고자 활쏘기를 수양의 수단으로 중요시하기도 했고요.

조선 제22대 왕 정조正祖의 경우 궁궐에서의 활쏘기 행사 때 50발을 쏘아 49발을 명중시켰다는 기록이 남아있을 정도로 신궁이라 불릴 만한 실력을 자랑했다고 하죠. 심지어 완벽한 경지에 이르면 다음은 그보다 못할 수밖에 없기에 마지막 한 발은 겸손의 의미로 일부러 빗맞혔다는 말도 있을 정도입니다.

곽민수 ✤✤ 활은 그냥 봐도 멋있지 않습니까. 그런 상징성은 어느 때 어느 지역에서나 굉장히 중요하게 다뤄졌던 것 같아요. 고대 이집트의 경우도 파라오를 묘사할 때 파라오가 전차 위에서 적에게 활을 겨누고 있는 모습일 때가 굉장히 많죠.

또한 왕릉의 경우, 물론 대부분 도굴되어서 활이 부장품으로 얼마나 많이 사용되었는지 정확히는 알 수 없지만 투탕카멘 무덤에서 출토된 활이 굉장히 많습니다. 대략 마흔 개가 넘죠. 400개가 넘는 화살도 함께 출토되었고요.

고대 이집트에서도 파라오의 영웅적인 모습을 묘사하는 데 활이 사용되었을 만큼 중요했던 것 같습니다.

람세스 2세가 히타이트 요새 다푸르를 습격하고 있다.
활을 겨누고 있는 모습이 눈에 띈다.

강인욱 ✦✦ 활이 갖는 상징성은 전 세계 공통인 것 같습니다. 유라시아 초원에서도 화살 암각화가 많이 나오는데요. 험한 산악지대, 늪지대, 사막지대 등에서 활로 많이 싸웠죠.

사실 생각해보면 활만큼 보편적인 원거리 무기가 없습니다. 창 정도만 그나마 대체할 수 있을 텐데, 창도 원거리가 아닌 근거리 무기이기에 완벽하게 대체할 수 없죠. 활이야말로 대체불가능한 무기였다고 할 수 있겠습니다.

현대인이 옛날로 가면 말이 통했을까

허준 ✦✦ 현대인이 옛날, 이를테면 고려 시대나 삼국 시대로 가면 말이 통했을까요? 왠지 조선 시대로 가면 말이 통했을 것 같은데, 그 이전으로 가면 말이 통했을지 잘 모르겠습니다.

정요근 ✦✦ 고려 시대나 삼국 시대로 가면 말이 통하지 않았을 겁니다. 제 생각으로는 현대인의 말이 통하는 과거 시기는 아무리 멀리 잡아도 임진왜란 때 정도일 거예요. 그 이전에는 쉽게 말이 통하지 않았을 것 같습니다. 만일 100년 전으로 돌아가면 비록 생소한 표현과 새로 만들어진 외래어를 접할 테지만 기본적

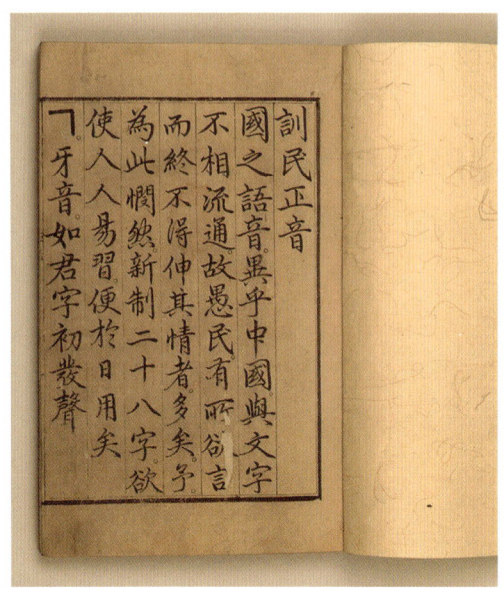

세종대왕이 창제한 『훈민정음』.

으로 말은 통할 겁니다. 그리고 조금 더 과거로 올라가 임진왜란 이후라면 비록 더 생소한 표현과 지금과는 상당히 다른 단어로 혼란스러울 테지만 그래도 말은 통할 거예요.

그런데 임진왜란 이전으로 올라가면 지금의 현대 국어와 괴리가 너무 커집니다. 그때 세종대왕이 한글을 창제했기에 얼추 유추할 수 있는 어휘들도 간혹 있겠지만, 대부분의 어휘들은 그 뜻을 생각해내기 쉽지 않을 거예요. 더군다나 성조도 있었을 테니 이해하기가 더욱 어려웠겠죠.

그보다 앞선 고려 시대나 신라 시대로 올라가면 어떨까요? 일명 중세 한국어, 고대 한국어라고 지칭할 수 있겠는데요. 지금과는 말의 표현과 단어가 크게 달라서 정확한 의미를 파악하기가 쉽지 않겠지요.

강인욱 ++ 언어는 고고학의 주요 영역이기도 합니다. 비록 한국의 고대 언어는 아니지만 현재 사용 인구수 기준으로 세계 최대의 어족인 '인도유럽어족'의 경우 굉장히 활발하게 고대 언어를 복원하고 있죠. 약 6, 7천 년 전의 언어까지 꽤 뚜렷하게 복원하는 데 성공했어요.

인도유럽어족이 크게 두 개의 발생설, 기원설이 존재하는데 '스텝 발생설'이 주류를 형성하고 있습니다. 오늘날의 우크라이나 동부 및 유럽 러시아 지역에서 발흥한 쿠르간 문화^{Kurgan} ^{Culture}를 인도유럽어족의 기원으로 보는 가설이죠.

바로 그 쿠르간 문화가 인류 역사상 최초로 등장한 기마 유목민 문화로 추정되는데, 그들이 동서로 나뉘어 퍼집니다. 주로 인도와 유럽 쪽으로요. 지금도 그때 썼던 말에서 유례된 말을 쓰고 있습니다. 비슷해서 충분히 유추할 수도 있고요.

하여 저는 정요근 교수님께서 말씀하신 것과는 다르게 임진왜란 이전으로만 가도 아무것도 모를 거라고 생각하진 않고 말도 꽤 잘 통했을 거라고 봐요.

허준 ✦✦ 그렇다면 강인욱 교수님께선 우리가 이를테면, 인도유럽어족에 비해 연구가 잘 안 되어 있어 그렇지 연구만 충분하면 현대와 과거의 언어가 충분히 통할 수 있다고 보시는 건가요?

강인욱 ✦✦ 예, 그렇습니다. 저는 고려 시대에 가도 약간만 고생하면 금방 말이 통하지 않을까 싶어요. 제가 19세기부터 연해주 지역으로 이주한 조선인들을 기원으로 하는 고려인과 얘기를 나눠봤습니다. 처음에는 당연히 무슨 말을 하는지 전혀 알지 못하죠. 모든 맥락과 콘텍스트를 지워버린 후 발음 하나하나를 따로 떼서 보면 절대 알 수가 없어요.

예컨대 경상도 방언 중에 '천지삐까리'라고 있죠. 영화나 드라마로 많이 나와 익숙할지 모르겠으나, 예전에 그 말을 처음 들었을 때 아예 무슨 말인지 몰랐어요. 그런데 "그런 거는 우리 동네에 천지삐까리다"라고 하면 대충이나마 유추할 수 있죠. 잘은 모르겠지만 뭐가 많다는 말인 건 알겠어요.

그렇듯 말이라는 게 음소를 하나씩 떼어 따로 이해하지 않고 전체적으로, 맥락적으로 이해하지 않습니까. 예를 들어 우크라이나어의 경우 고대 동슬라브어Old East Slavic에서 14세기, 15세기 정도에 분화가 되었어요. 우크라이나어뿐만 아니라 러시아어, 벨라루스어 등도 고대 동슬라브어에서 분화되었죠. 하여 저는 러시아어는 알고 우크라이나어는 배운 적도 없지만 말을 주고받으면서 뜻을 통하려고 하면 금방 이해가 되더라고요. 물론 맥락 없이 들으면 전혀 이해를 할 수 없지만요.

그런 면에서 고려 시대 말도 전체적으로, 맥락적으로 주고받으면서 뜻을 통하려고 하면 이해할 수 있지 않을까 싶습니다. 고려는 다민족 국가였기 때문에 다양한 언어가 섞였던 게 어색하지 않았을 거예요. 실크로드의 경우 수십 개 언어는 기본이고 심지어는 아예 다른 어족들이 섞입니다. 그런데 어느 기록이나 역사적 사실을 들여다봐도 서로 말이 안 통해서 물건을 팔지 못했다는 걸 보지 못했어요. 물론 통역이 있었겠지만요.

예컨대 고려 시대의 벽란도(碧瀾渡, 고려 시대 예성강 하류에 있던 국제 무역항이자 요충지), 얼마나 국제화되었습니까? 그때의 기록

19세기에 제작된 지도책 『자조선지북경로정기自朝鮮至北京路程記』에 수록된 지도〈송도폭원도松都幅員圖〉. 왼쪽 하단에 벽란도가 보인다.

어디에도 언어로 인한 불편이 제기되지 않죠. 하여 저는 현대인이 과거로 돌아간다 해도 의외로 말이 잘 통하지 않을까 싶어요.

정요근 ✦✦ 제가 앞서 말씀드린, 지금의 현대인이 과거로 돌아가면 말이 통하지 않을 거라고 한 건, 딱 들었을 때 단번에 이해하느냐에 관한 것이었습니다. 예를 들어 스페인어나 포르투갈어가 같은 로망스어 계통의 언어이기에 단번에 이해할 순 없다고 해도 몇 달만 같이 살면 금방 이해하고 또 익숙해질 거라 생각해요. 강인욱 교수님과 같은 맥락의 말씀을 드린 것이죠.

어느 누구도 비슷한 언어라고 해서 단번에 통할 수 없을 테지만 오래지 않아 통할 겁니다.

강인욱 ✦✦ 제가 어렸을 때만 해도 말장단을 배웠습니다. 일종의 성조라고 봐도 무방할 거예요. 이를테면 먹는 '밤'과 밤과 낮 할 때의 '밤'은 발음할 때 길이가 달라요. 먹는 밤을 길게 발음하죠. 뿐만 아니라 '말' '눈' '병' 등 의미가 겹치는 단어들 모두 발음 길이가 다릅니다. 제가 초등학교 때 국어 시험에서 이 문제는 다 틀렸거든요, 잘 모르겠더라고요. 그런데 부모님들은 "야, 그걸 어떻게 틀릴 수 있어?"라고 의아해하셨던 게 기억나요. 생애 첫 번째 '세대 차이'를 절감했죠. 말이라는 게 외워서 되는 게 아니라 자연스럽게 체득해야 하는 거더군요.

그런가 하면 이중모음(하나의 음절 안에서 두 개의 모음 소리가 연속해서 나는 현상)도 거의 사라졌죠. 이를테면 지금은 '왜나라'와 '외로워'에서 '왜'와 '외'의 발음이 똑같잖아요. 만약 '왜'와 '외'를 따로 떼서 듣게 한 뒤 뭐가 '왜'고 뭐가 '외'인지 맞춰 보라면 아무도 못 맞출 겁니다. 비록 저는 언어학자가 아니지만 세계 곳곳을 다니는 고고학자로서 다양한 언어를 접하다 보니, 언어를 하나하나 분리하기보다 맥락적으로 이해한다고 생각하게 되더라고요. 반면 언어 전문가들은 각 언어의 디테일을 상세하게 분석하고 비교하기 때문에 차이가 좀 더 드러나 보이는 것 같습니다.

곽민수 ++ 강인욱 교수님의 의견에 동의하는 게, 과거에는 현대처럼 문법 체계나 단어 체계가 완벽하게 정립되어 있지 않았기에 다른 언어권에서 온 사람들과 의사소통하기가 오히려 쉬웠을 거라고 생각합니다. 의사소통하는 데 있어 유연하고 융통성 있는 아이디어를 갖추고 있었을 테죠. 본인이 사용하는 언어에 얽매이는 게 아니라 타 언어에 열려 있는 마음을 갖고 있었을 거예요.

강인욱 ++ 언어들마가 단어의 개수가 기하급수적으로 늘어나고, 알아야 할 정보의 양이 많아진 것도 관계가 있을 겁니다. 영어만 해도 10만 단어로 턱도 없어요.

19세기 말에서 20세기 초만 봐도 언어학자들이 말하길 수메르어에서 밝혀진 단어가 채 1천 개가 안 된다고 해요. 그리고 단테 알리기에리의 『신곡』이 출간되었을 때, 그러니까 14세기만 해도 1천 권 이상의 장서를 가진 곳은 거의 없었다고 합니다. 지금은 집에 책이 많다 싶으면 2천 권은 족히 갖고 있을 텐데요.

예전과 지금을 비교하면 언어가 품고 있는 정보의 양이 터무니없이 달랐다고 할 수 있겠습니다. 사용하는 단어의 수와 품고 있는 정보량이 현대 사회보다 훨씬 적었던 과거에 다른 나라의 언어를 배우는 건 지금보다 쉬었을 것으로 추측해봅니다.

박현도 ✢✢ 튀르크어를 쓰는 인구가 전 세계적으로 2억 명 정도 됩니다. 그 나라들 중 튀르키예가 가장 서쪽에 있고 위구르가 가장 동쪽에 있죠.

그런데 지리적으로 아무리 멀리 떨어져 있어도 같은 언어를 사용할 텐데 튀르키예인이 위구르에 가면 고작 30% 정도 이해할 수 있다고 합니다.

간단한 의사소통은 아무런 문제가 없고요. 6개월 정도면 거의 다 이해할 수 있죠.

하여 저도 현대인이 같은 지역의 같은 민족이 살던 옛날로 돌아가면 간단한 의사소통은 할 수 있을 것 같고 몇 개월 후면 거의 다 이해할 수 있을 거라고 생각해요.

아프리카와 유럽 사이에 다리가 없는 이유

허준 ✦✦ 바다를 사이에 둔 육지와 육지를 이어보려는 인간의 욕망은 오래된 것 같습니다. 영국과 프랑스 사이 도버해협을 잇는 해저터널인 '채널 터널$^{Channel\ Tunnel}$'은 1986년에 착공해 1994년에 개통했죠. 이밖에도 전 세계적으로 수많은 해저터널이 있고요. 물론 육지와 육지를 잇는 방법은 해저터널 말고 다리가 대표적이죠.

그런데 지중해와 대서양 사이의 지브롤터 해협$^{Strait\ of\ Gibraltar}$에는 해저터널은커녕 다리도 없더라고요? 따로 이유가 있나요?

강인욱 ✦✦ 건축 기술의 논리가 아니라 정치와 감성의 논리가 작용하고 있는 것 같습니다. 이를테면 우리나라에 '한일 해저 터널Korea-Japan Undersea Tunnel'이 구상되어 연구, 계획, 검토까지 진행되었어요. 부산에서 출발하면 220km 정도, 해저만으로는 130km 내외이기 때문에 충분히 시행하고도 남죠. 자그마치 1917년에 일본 측에서 최초로 구상을 제안했으니 100년이 훌쩍 넘은 구상이에요.

그런데 경제성을 떠나 양국의 오랜 감정과 연결되어 있죠. 한국 입장에서 볼 때 1592년에 일어난 임진왜란王辰倭亂 당시 일본의 도요토미 히데요시豊臣 秀吉가 조선에 보낸 국서에서 말한 '명을 정벌할 것이니 조선은 앞장서라'는 '정명향도征明嚮導' 그리고 뒤이어 온건하게 돌려 말한 '가도입명(假途入明, 명을 치러 가려 하니 조선은 길을 빌려달라)가 명백하게 연상되니까요. 그러니 일본이 '유라시아로 진출하기 위해 한국과 길을 연결한다'라는 수작이 너무나도 잘 보인다는 겁니다.

곽민수 ✦✦ 저는 지브롤터 해협에 굳이 다리를 놓거나 터널을 만들지 않는 이유가 다름 아닌 상업성이 없기 때문인 것 같습니다. 사실 스페인과 모로코 정부는 1979년에 두 대륙을 연결하는 타당성을 조사하고자 공동 위원회를 임명해 '유로메드 트랜스포트 프로젝트Euromed Transport Project'로 이어지기도 했죠.

나사NASA가 촬영한 지브롤터 해협의 모습.

해저터널에 관한 구체적 이야기도 나와 스페인의 타리파와 모로코의 탕헤르를 연결하는 최초의 유럽-아프리카 연결 터널이 탄생할 전망이지만, 본격적으로 추진되지 못하고 있는 이유는 서로 절박하게 필요성을 느끼지 못하기 때문이 아닐까 싶습니다. 배를 타고 두 시간이면 왕복할 수 있을 정도니까요.

박현도 ++ 스페인 입장에서 보면 '지브롤터'라는 이름 자체가 기분이 나쁠 수 있다고 봅니다. 지브롤터의 어원이 '자발 타리크Jabal Tāriq'인데, 아랍어로 자발은 산을 뜻하고 타리크는 타리

서고트 왕국의 마지막 정식 군주 로데리크와 타리크 이븐 지야드.

크 이븐 지야드라는 장군의 이름이에요. 우마이야 칼리파국의 명장으로 711년 서고트 왕국Regnum Visigothorum의 히스파니아(Hispania, 이베리아반도) 지역을 점령한 장군으로 유명하죠.

이후 1492년 레콩키스타Reconquista가 완료되기까지 800년 가까이 계속된 무슬림의 이베리아반도 지배의 시작이 바로 타리크 이븐 지야드의 정복이었습니다.

지브롤터의 어원인 자발 타리크(타리크의 산)는 타리크 이븐 지야드가 이베리아반도에 최초로 상륙한 지점을 말하고요.

곽민수 ✤✤ 지브롤터 해협은 정치적으로 얽히고설킨 지역이기도 합니다. 흑해 그리고 지중해에서 외양으로 나가려면 수에즈 운하를 통하지 않고선 반드시 지브롤터 해협을 거쳐야 하니 지정학적 중요성이 더할 나위 없이 중요하죠. 스페인에 붙어 있는 지브롤터 자체는 영국령이고 모로코에 붙어 있는 세우타는 스페인령인데, 그 지역은 스페인, 모로코, 영국 등의 이해관계가 복잡하게 얽혀 있습니다.

강인욱 ✤✤ 제가 보기에 육지와 육지를 연결하는 행위들이 정녕 감성적이거니와 정치인들이 표를 얻기 위한 술수라고밖에 생각되지 않습니다.

이를테면 '사할린-홋카이도 해저터널Sakhalin-Hokkaido Tunnel' 구상이에요. 한일 해저터널 구상이 현실화되지 않으니 일본은 러시아와 접촉합니다. 그렇게 사할린-홋카이도 해저터널을 구상해요. 홋카이도에서 사할린을 해저터널로 잇고 사할린과 하바롭스크를 다리로 잇는다는 거죠.

그런데 사할린과 하바롭스크 사이, 타타르 해협Tatar Strait에서 가장 가까운 게 채 10km가 되지 않아요. 굉장히 얕기도 하고요. 예전부터 나룻배를 타고 손쉽게 건넜죠.

구상은 그럴 듯해 보이는데 문제는 비행기를 타면 한 시간밖에 안 걸리는 걸 왜 해저터널에 다리를 건너 2박 3일을 가야 하느냐는 거예요. 지도만 보면 나오지 않습니까. 그런데 일본의 정치인들, 즉 자민당이 표를 얻으려고 계속 들먹이는 거예요. 해저터널과 다리로 일본과 대륙을 잇겠다는 겁니다.

러시아와 일본이 쿠릴 열도를 놓고 영유권 분쟁을 벌이는 사이라는 점에도 추진에 걸림돌이 될 게 명백한데, 러시아의 블라디미르 푸틴Vladimir Putin이 적극적으로 지원하고 있어요.

사실 해저터널이니 다리니 천문학적인 비용이 드는데, 채산성(payability, 손익을 따져봤을 때 이익이 남을 여지가 있는지 파악하는 지표)이 형편없는데도 불구하고 일본의 극우 쪽에서 마구 떠들어대는 겁니다.

"러시아 측과 담판을 지어 남쿠릴 열도를 가져오는 대신 해저터널과 다리까지 지어준다. 러시아도 긍정적으로 검토하고 있다."라는 식으로요.

그런데 이 구상이 사실 말도 안 돼요. 사할린주가 한반도의 5분의 2 정도의 크기지만 인구는 채 50만 명이 되지 않고, 하바롭스크 지방은 한반도의 3.5배에 달하는 크기지만 인구는 채 80만 명이 되지 않죠.

그만큼 사람이 살지 않는 땅이 많거니와 전체적으로 척박하고 황량하기 이를 데 없는데, 표를 얻고자 '약을 파는' 모습으로밖에 보이지 않는다는 겁니다.

인류가 먹기 힘든 음식을 먹어야 했던 이유

허준 ✦✦ 그런 음식 있지 않나요? 사람에게 해로운 독이 있어 그냥 먹으면 안 되는데, 굳이 이렇게 하고 저렇게 해서 먹고야 마는 것들이요. 제가 알기로 고사리도 그냥 먹으면 안 되고 삶아서 말려 먹어야 한다고 하는데요. 복어의 경우 치명적인 독이 있어 위험한데도 독을 제거하면서까지 먹지 않습니까. 왜 그렇게까지 먹기 힘든 음식을 먹는 거죠?

강인욱 ✦✦ 일단 전 세계에서 우리나라만 먹는 것들이 몇 개 있습니다. 고사리가 있고 도토리, 쑥도 있어요. 도토리의 경우 신기한 게 1만여 년 전부터 유라시아 북반구에서 다 먹었죠. 인간 최초의 주식 중 하나였다고 해도 틀린 말은 아닐 겁니다. 참나무만 있으면 도토리를 채집해 쉽게 먹을 수 있으니까요.

그런데 도토리를 이용해 음식을 만들어 먹는 나라는 우리나라밖에 없습니다. 그런 면에서 한국인은 인간 화석이라 할 만하죠. 도토리의 경우 쓴맛과 떫은맛이 나는 탄닌^{tannin}이 함유되어 있기 때문에 그대로 먹을 수 없어요. 물에 수차례 끓여 탄닌 성분을 걸러 먹어야 하죠.

복어도 비슷하다고 생각하는데요, 복어나 고사리도 그렇고 사람들이 굳이 독성이 있는 걸 먹었던 이유 중 하나가 대부분의 독성이 '환각 작용'과 연관되어 있기 때문이죠.

인간은 환각 물질을 오래전부터 열심히 찾아 먹었는데, 덕분에 뇌를 자극해 기분도 좋아질뿐더러 사냥이나 번식에도 유리했어요. 또 만병통치약으로 인식되기도 했던 한편 종교적 의식을 수행하는 데 필요했죠.

물론 누군가는 정말 배고파서 먹기도 했을 겁니다. 고사리의 경우 독은 있지만 환각 증상을 유발하진 않으니까요.

곽민수 ✦✦ 제가 생각하기에 강인욱 교수님께서 지나가듯 말씀하신 것처럼 인간이 먹기 힘든 음식을 굳이 먹었던 이유가 생계적 궁핍함에서 오는 실천일 수 있다고 봅니다.

고대 이집트의 경우 먹을 게 워낙 많고 또 맛있기까지 했는데, 그래서인지 오히려 금기가 생겼죠. 이를테면 생선 같은 건 잘 먹지 않았어요.

이집트의 젖줄 나일강에선 엄청나게 많은 생선이 나지만 생선이 선호되는 식재료는 아니었습니다. 굉장히 좋은 단백질원임에도 불구하고 말입니다. 물론 생선뿐만 아니라 다른 단백질원이 충분했으니까 그랬을 거예요.

그런 면에서 먹기 힘든 음식을 굳이 이리저리 가공해 먹는 건 주변에 쉽게 먹을 수 있는 식량이 충분하지 않았기 때문일 수도 있겠다고 생각합니다.

전 세계적 공통의
세니사이드 현상의 이유

허준 ✦✦ 고려장高麗葬이라고 있지 않습니까. 고려 시대에 나이 든 부모를 산속에 버리는 풍습이 있어 '고려장'이라고 불렀다고 하는데요. 아무래도 설화이다 보니 역사적 기록이 전무하고 관련된 유적이나 유물 또는 전혀 없기에 실존하지 않았다고도 합니다. 과연 역사적으로 사실은 무엇일까요?

정요근 ✦✦ 당연히 고려장 설화는 실제 역사적 사실이 아닙니다. 고려장이라는 단어가 언제부터 사용되었는지는 명확히 알기 어렵지만, 아주 오래된 것 같진 않아요. 많이 올라가도 조선 시대 후기 정도이지 않을까 싶습니다. 나이 든 부모를 유기하는 일탈적 행위는 언제 어느 때라도 발생할 수 있고, 특히 천재지변이나 전쟁 등의 극한 상황에선 빈도가 더 높았겠지요.

하지만 일반적으로 보편화된 행위는 아니었을 테니, 그걸 '풍습'이라고 하긴 어려운 측면이 있습니다. 어느 시대, 어느 지역에서든 늙은 부모를 버리는 행위는 사회적 금기였을 테죠.

따라서 아무리 어려운 상황에서도 그런 행위를 하면 안 된다는 사회적 약속이 형성되어 있었을 겁니다. 고려장 설화는 그것을 교훈적으로 만든 이야기라고 생각합니다.

강인욱 ++ 고려장에 대해 조사해본 바가 있어 첨부하자면요. 극한 상황에 처하면 어린아이든 어르신이든 다친 사람들이든 상관없이 버릴 수 있다는 건 전 세계 공통이라고 생각합니다.

고려장과 똑같은 불교 설화가 있어요. 『잡보장경雜寶藏經』이라고 하는 책에 「기로국棄老國 설화」라는 제목으로 소개되는데, 바로 그 기로국이 고려로 와전되어 '고려장' 설화가 완성되지 않았나 추정하고 있죠. 기로국棄老國을 보면, '버릴 기棄'에 '노인 노老' 예요. 그러니까 애초에 효를 강조하고자 나라를 만든 겁니다.

"옛날 기로국이라는 나라가 있었는데 노인을 버리는 법이 있었다. 그런데 한 대신이 아버지를 차마 버리지 못하고 몰래 모셨다. 그때 천신이 문제를 내자 아버지의 지혜로 해결했다. 그렇게 나라의 위기를 해결할 수 있었고 아들의 효와 노인의 지혜가 빛을 발했다."라는 이야기예요.

성요근 ✦✦ 네, 강인욱 교수님께서 말씀하신 「기로국 설화」에서 비롯되었다는 이야기도 있고요. "일제 강점기 때 고려장 이야기가 널리 퍼졌다"는 이야기도 있죠.

'늙은 부모를 산속에 버린다'는 이야기는 아주 오래전부터 전승되었을 텐데요, 이야기를 '사실'처럼 만들려면 구체적 사항이 들어가야 합니다. '어느 시대에, 어느 나라에, 어느 지역에'처럼 구체적 사항이 들어가면 사실인 것처럼 전승이 되는 거죠.

우리나라에 깊숙이 뿌리내린 유교 윤리에선 '당위'의 형식으로 중요한 덕목들을 강조하지 않습니까. '나라에 충성해야 한다' '부모에 효도해야 한다'처럼 말이에요. 그런데 고려장 이야기를 보면 불교의 설화에서 왔기 때문인지는 몰라도 '하면 안 된다'라는 방식으로 효의 교훈을 전달하고 있죠.

강인욱 ✦✦ 고려장 설화를 고고학적으로 들여다보면요. 기로국이라는 나라가 몽골에 있습니다. 배경이 초원이죠. 보통 불교와 관련된 이야기들의 배경은 서역인데 굳이 초원을 배경으로 한 이유는 따로 있다고 생각해요. 사마천司馬遷의 『사기史記』를 보면 유목민들은 가장 맛있고 좋은 건 젊은이에게 주고 가장 맛없는 건 노인에게 줍니다. 노인을 홀대하는 게 아니라 젊은이가 사냥해 가족을 먹여 살리고 전쟁을 치러 나라를 지켜야 하니, 노인보다 젊은이를 더 챙기는 문화가 기본으로 자리 잡은 거죠.

곽민수 ✦✦ 고려장에서 말하는 풍습을 일반화시키면 '노인 살해 전통'이라고 할 수 있습니다. 영어로는 세니사이드Senicide, 즉 노인 살해를 뜻하는 단어가 있죠.

세니사이드는 두 가지 방식으로 나타날 수 있는데, 노인을 직접 죽이는 능동적 방법과 노인이 죽도록 방치하는 수동적 방법이에요. 이 노인 살해 풍습이 한반도에서 있었는지 없었는지는 잘 모르겠지만 전 세계적으로는 꽤 많이 나타난 현상입니다.

인도에는 '탈라이쿠탈Thalaikoothal'이라는 관습이 존재하는데요, 코코넛 물을 많이 먹여 신부전에 걸리게 하는 식으로 노인을 사망에 이르게 하죠.

설화이긴 한데, 기원전 5세기의 고대 그리스 때 아테네 주도의 델로스 동맹과 스파르타 주도의 펠로폰네소스 동맹 사이에 일어난 전쟁인 '펠로폰네소스 전쟁Peloponnesian War' 당시 아테네가 키오스섬을 침략해요. 그때 키오스인들은 60세 이상의 노인들을 다 죽이죠. 식량이 부족하니 노인부터 줄이기로 한 겁니다.

레이먼드 푸세Raimund Pousset라는 연구자가 2023년에 내놓은 저서 『노인 살해와 노년 살해Senicide and Old Age Killing』를 보면, 노인 살해의 민족지적 사례를 167개나 소개하고 있죠.

그러니 고려장이라는 풍습이 실제로 존재했었는지의 여부는 확실하지 않지만, 여타 문화적 사례들을 볼 때 연로한 분들에 대한 홀대는 충분히 있었을 거라고 생각합니다.

강인욱 ✦✦ 저는 노인 살해 풍습이 전 세계적으로 있는 와중에 고려장의 핵심은 따로 있는 것 같습니다. 왜 '고려장'인가 말이죠.

1963년에 김기영 감독이 〈고려장〉이라는 영화를 연출했는데, 딱 그 이야기예요. 70살이 되면 산 채로 업어다 버리는 폐습 또는 계율이 전해 내려오는 마을에서 계속되는 가뭄 때문에 굶주림에 허덕이다가 지게로 엄마를 업고 가서 버리죠.

김기영의 1963년 작 〈고려장〉의 한 장면.
ⓒ한국영화데이터베이스

그런가 하면 1978년에는 전상국 소설가가 단편 소설 「고려장」을 내놓았어요. 당시 꽤 충격적이었는데 1970년대 우리나라는 효를 매우 강조했죠. 그런데 이 작품의 내용이 색달라요. 서울로 상경한 어느 소시민의 이야기인데, 노모를 간신히 부양했지만 치매로 더 이상 함께 살기가 힘들어 결국 길에 버리고 맙니다. 노모는 무의탁 환자를 위한 병원으로 실려 가죠. 가히 파격적인 소재로 많은 독자가 쇼크에 빠졌을 거예요.

그렇게 1960, 70년대 한국 사회는 고도 성장을 거듭하는 한편 구태가 사라지면서 전통적인 부모 공양이 주요한 문제로 떠올랐죠. 당시 세태와 맞물려 '고려장' 이야기가 다시금 수면 위로 떠올라 대중의 인식에 깊게 자리 잡은 게 아니었나 싶습니다.

허준 ++ 그렇다면 한반도의 역사에서 노인 살해 풍습에 관한 기록이 전혀 남아있지 않은 건가요? 유적이나 유물 같은 것도요?

강인욱 ++ 네, 전혀 없습니다. 다만 고려장으로 오해할 만한 건 있어요. 예컨대 삼국 시대 때 왕이 죽으면 바로 무덤에 들어가지 못했어요. 왕이 언제 죽을지 모르니까 생전에 무덤을 만들어 놨다고 해도 사후 몇 년 동안은 마무리해야 하니 텀이 있는 거죠. 백제 제25대 국왕 무령왕武寧王의 경우 사망 3년 뒤에 장례를 치렀어요. 그 사이에 시신을 방치할 수는 없으니까 가묘를 만들어

넣었는데, 누군가가 보면 노인을 버린 듯했죠. 마치 살아있는 듯 새 옷을 입혀 가부좌를 틀 듯 앉히곤 제사를 드렸으니까요.

그리고 고고학적으로 노인의 시신을 발굴하는 건 매우 어려운 일입니다. 오래전에는 인간의 수명이 지금보다 훨씬 짧았으니 지금의 기준으로 '노인'은 거의 없었어요. 노인이 귀했죠. 그러니 노인을 가져다 버리는 행위 자체가 그리 자주 일어날 수 있는 게 아니었다는 겁니다.

정요근 ++ 왜 '고려장'이라는 명칭이 붙었을까 생각해보면, 결국 이야기의 신빙성을 높이기 위한 장치가 아닐까 여겨집니다. '고려장'의 '고려'는 고구려라고 하기도 하고 고려라고 하기도 하는데, 그냥 '옛날 옛적에'라고 하는 것보다 '고려'라는 구체적 시기가 들어가면 신빙성을 더욱 높일 수 있겠지요. 만일 '조선'이라고 했다면 시기가 그리 올라가지도 않고 알려진 기록이나 사료도 너무 많고 또 구체적이어서 금방 반박되었을 겁니다.

따라서 먼 과거의 시기인 '고려'로 설정해 사실처럼 받아들여지도록 했다고 생각합니다.

곽민수 ++ '효'라는 가치를 흔히 동아시아만의 전통이라고 인식하곤 하는데, 사실 고대 이집트에서도 효의 가치가 통용되었습니다. 굉장히 중요시했죠. 몇 가지 사례가 있는데요.

신왕국 시대 때의 유언장들이 발굴되었는데, 대표적인 게 '나우나크테의 유언장Will of Naunakhte'입니다. 그녀는 고대 이집트 신왕국 제20왕조의 제4대 파라오 람세스 5세Ramesses V 때 사람으로 자식이 여러 명 있었는데, 그중 세 명의 자녀에게 유산을 물려주지 않고 다섯 명의 자녀에게 유산을 물려줬어요. 세 자녀는 그녀가 과부였을 때 그녀를 돌보지 않았다는 이유였죠.

신왕국 제20왕조의 제10대 파라오 람세스 11세Ramesses XI 때 사람인 나네페르Nanefer의 유언의 경우, 그녀는 유산을 사위한테 물려줬죠. 사위가 자기한테 매우 잘했다는 이유였어요.

고왕국 제6왕조의 제5대 파라오 페피 2세Pepi II 때의 메쿠Mekhu와 사브니Sabni의 사례도 있습니다. 메쿠가 아버지, 사브니가 아들인데 메쿠가 원정을 떠났다가 죽고 말아요. 원정대는 메쿠의 시신도 수습하지 못하고 철수했는데, 사브니가 다시 원정대를 꾸려 아버지 시신을 수습해왔죠. 그 모습을 보고 페피 2세가 치하하며 여러 선물과 영지를 하사하기도 했습니다.

또 재밌는 사례가 있습니다. 고대 이집트에 연금 같은 건 없었어요. 반면 연금처럼 작동한 제도가 있는데, 이른바 '노년의 지팡이'예요. 아버지가 갖고 있던 직위를 아들에게 물려주는 제도죠. 아버지가 노인이 되어 업무를 더 이상 수행할 수 없을 때 아들한테 직위를 물려주는 거예요. 아들은 아버지의 직위를 이어받는 대신 아버지를 봉양해야 할 의무가 생기는 거고요.

구독자들의 궁금증
여섯 번째

―― **Question 1** ――

이슬람 역사 속에서 '황금기'로 불리는 시기는 언제였으며, 그때 이슬람 문명이 인류에게 어떤 기여를 했나요?

박현도 ✦✦ 이슬람 문명의 황금기는 보통 9세기부터 13세기로 봅니다. 압바스^{Abbas} 칼리파^{Khalifah}조의 일곱 번째 칼리파인 알 마으문$^{al-Ma'mun}$은 아버지 하룬 알 라시드$^{Harun\ a-Rashid}$ 때 '지혜의 집' 또는 '지혜의 책 창고'로 불리던 도서관을 경제적으로 지원해 '지혜의 집(바이트 알 히크마, Bayt al-Hikmah)'이라고 하는 일종의 국립 번역소를 세웠습니다. 그곳에서 그리스 서적을 비롯해 외국어로 된 학문 서적을 제국의 공용어인 아랍어로 번역했죠.

그 결과 무슬림들이 지식을 전수하고 연마해 새로운 사실을 밝히며 찬란한 이슬람 문명을 이룩할 수 있었습니다. 철학, 과학, 의학 등 무슬림이 쌓은 지식은 중세 서유럽에 전해졌고, 서양 사람들이 배우고 익히고 발전시켜 더 뛰어난 과학 문명을 이뤘죠.

무슬림으로부터 고대 그리스 학문을 재발견하고 자극 받아 그리스 원전을 직접 라틴어로 옮기면서 지식의 지평을 넓혔습니다. 이처럼 무슬림이 유럽에 그리스 학문을 전해 서구의 자각과 발전에 지대한 영향을 끼쳤기에 이슬람 문명을 '중간자 문명'이라고도 부릅니다.

하지만 이슬람 문명은 13세기 몽골의 침략으로 크게 휘청거립니다. 1258년 몽골군이 이슬람 제국의 수도 바그다드를 정복했죠. 몽골군이 도서관을 파괴하고 수많은 책을 티그리스강에 던져 강물이 잉크로 검게 변했다는 이야기가 있을 정도입니다. 하여 몽골 정복기에 이슬람 문명의 황금기가 끝났다고 봅니다.

―― Question 2 ――

서구 사회에서 '이슬람 혐오'가 나타나는 주요 원인은 무엇이며, 극복하기 위한 노력은 어떻게 이뤄지고 있나요?

박현도 ✤✤ 20세기 들어 무슬림 세계는 사우디아라비아, 아프가니스탄, 이란, 튀르키예를 빼고 모든 지역이 유럽인의 식민 지배를 받았습니다. 그리스도교 문화를 배경으로 하는 유럽은 무슬림 세계를 지배할 때 관대하지 않았어요. 지배자가 피지배자를 위해 선의를 베풀 일은 없지요.

못되게 굴었습니다. 그러니 당연히 반발하지 않았겠어요? 전통적인 삶의 구조가 무너지자 이래선 안 된다고 자각하며 평화적이거나 혹은 무력을 쓰는 등 다양한 방식으로 유럽인의 지배에 저항하기 시작했지요.

그중 현대 세계에선 '이슬람을 앞세운 폭력'이 가장 큰 문제입니다. 알카에다, 탈레반, IS 등이 대표적인 예죠. 이들은 외부에 폭력적으로 대응할 뿐만 아니라 자신들의 의견을 따르지 않는 내부, 즉 무슬림도 괴롭힙니다.

그런데 서구 사회를 비롯한 비무슬림 세계는 이들 폭력 집단을 두고 이슬람을 대표하는 세력으로 여기며 싫어하지요. 그들은 결코 이슬람을 대표하는 세력일 수 없는데 말이죠.

오늘날 비무슬림 세계의 양식 있는 사람들은 다수의 선량한 무슬림을 소수의 불량한 사람들과 구분하고, 지난 1400년간 무슬림의 삶을 이끈 이슬람이 어떤 신앙인가 이해하려 하면서 '이슬람 혐오증'을 극복하고자 노력하고 있습니다.

역사를 보다 2

초판 1쇄 발행 2025년 7월 30일
초판 6쇄 발행 2025년 12월 8일

지은이 | 박현도, 곽민수, 강인욱, 정요근, 허준
기　획 | 어썸엔터테인먼트 주식회사
펴낸곳 | 믹스커피
펴낸이 | 오운영
경영총괄 | 박종명
기획편집 | 김형욱 최윤정 이광민
디자인 | 윤지예 이영재
기획마케팅 | 문준영 박미애
디지털콘텐츠 | 안태정
등록번호 | 제2018-000146호(2018년 1월 23일)
주소 | 04091 서울시 마포구 토정로 222 한국출판콘텐츠센터 319호(신수동)
전화 | (02)719-7735　　팩스 | (02)719-7736
이메일 | onobooks2018@naver.com　　블로그 | blog.naver.com/onobooks2018

값 | 23,000원
ISBN 979-11-7043-657-7　03900

* 믹스커피는 원앤원북스의 인문·문학·자녀교육 브랜드입니다.
* 잘못된 책은 구입하신 곳에서 바꿔드립니다.
* 이 책은 저작권법에 따라 보호받는 저작물이므로 무단 전재와 무단 복제를 금지합니다.
* 원앤원북스는 독자 여러분의 소중한 아이디어와 원고 투고를 기다리고 있습니다.
　원고가 있으신 분은 onobooks2018@naver.com으로 간단한 기획의도와 개요, 연락처를 보내주세요.